全國高等院校古籍整理研究工作委員會項目
安徽師範大學學術著作出版基金資助項目

北平涇縣會館録匯輯

周向華　張　翔◎點校

安徽師范大学出版社

責任編輯:房國貴
裝幀設計:熙宇文化
責任印製:郭行洲

圖書在版編目(CIP)數據

北平涇縣會館録匯輯 / 周向華,張翔點校. —蕪湖 :安徽師範大學出版社, 2014.12
ISBN 978-7-5676-1725-4

Ⅰ.①北… Ⅱ.①周…②張… Ⅲ.①會館公所—史料—涇縣
Ⅳ.①K928.71

中國版本圖書館 CIP 數據核字(2014)第 289727 號

北平涇縣會館録匯輯
周向華 張 翔 點校

出版發行:安徽師範大學出版社
蕪湖市九華南路 189 號安徽師範大學花津校區
郵政編碼:241002
網　　址:http://www.ahnupress.com/
發 行 部:0553-3883578 5910327 5910310(傳真)
E-mail:asdcbsfxb@126.com
印　　刷:安徽宣城海峰印刷包裝有限公司
版　　次:2014 年 12 月第 1 版
印　　次:2014 年 12 月第 1 次印刷
規　　格:889 × 1194 1/32
印　　張:7.125
字　　數:182 千
書　　號:ISBN 978-7-5676-1725-4
定　　價:18.00 元

前言

會館是明清社會政治、經濟、文化變遷的特定產物,在明清以至近代中國的演變中是一個長期起作用的社會組織。它是流寓客地的同籍人以鄉土爲紐帶而自發設置的,是流動社會中的有效整合工具,是對家庭組織的超越和對社會變遷形勢的適應與創造,反映了社會變遷、社會進步與社會局限。

北平涇縣會館是清末北京十大會館之一。始建于明代,清時又增建,有新、老兩館。主要爲"公車謁選之所",也就是爲同鄉官僚、縉紳和科舉之士居停聚會之處。清書法家、思想家林則徐的好友涇縣人包世臣曾寓居會館并寫出爲後人傳頌的《藝舟雙楫》一書;1918 年 12 月 22 日,由李大釗、陳獨秀創辦的進步政治雜誌《每週評論》就是在涇縣新館北屋誕生的,嗣後,涇縣新館即作爲雜誌編輯部所在地,張申府、胡適、周作人、高一涵、王光祈等經常爲該刊撰稿,因此涇縣會館曾被譽爲"新文化運動的喉舌之地"。

隨着清末科舉制度的廢除,同鄉會館的文化聚集功能日漸衰退,并慢慢退出歷史舞臺。由于會館多是私立的,屬于民間自發性社會組織,所以在"正史"中往往無人論及,即使在明清地方誌中也多有忽略。然而,會館作爲一種社會組織和文化現象已越來越受到學者的關注與研究。然而現在有關會館的大部分資料已經流失,很多會館也已杳無踪迹。

爲"昭信于梓里",涇縣會館在延續過程中"所有館款之收入支出歲刊館録"。民國二十二年,在京涇縣人編印了《北平涇縣會館録》,計劃將館録目標分爲六種:"一、會館緣起并管理章程爲一類;二、義園歷代經過案牘爲一類;三、北平館産房契爲一類;四、歷代樂輸捐助爲一類;五、歷代科舉爲一類;六、歷代本館收支爲一類。"惜今僅見前三類,樂輸捐助、歷代科舉和收支情況已無存。本書以《北平涇縣會館録》爲底本，匯輯清同治年間刊本《京都涇縣新舊兩館録》和清光緒年間刊本《京都涇縣館録》，重新點校而成。

爲了盡量保持原貌，本書以繁體横排形式（原稿爲繁體竪排）與今人見面。同時爲了便于閲讀，特將原稿中大部分异體字（除個别的如“志”等外）改爲現在通用的規範漢字，另外對原稿中字號相對較小的文字用“（　）”表示，以示區别。尤爲需要説明的即點校者所做的大量工作是，除對原稿進行句讀外，還對文中字詞適當加以注釋，並對其中個别錯字直接在原字後用“［　］”進行修改，如“列左”改爲“列左［下］”、“紀録”改爲“紀［記］録”等，力圖爲大家較全面、具體地瞭解明清時期涇縣會館的組織結構、權力分配、經費來源、收支管理、内部關係等提供原始資料，爲瞭解當時的社會經濟發展情況及北京會館發展進程提供文獻和史料參考。

因時間倉促加之水平有限，文中難免有疏漏、不當之處，懇請方家指正。

周向華　張　翔

2014年10月

目　録

北平涇縣會館録

京都涇縣新舊兩館録

京都涇縣館録

北平涇縣會館録

BEIPING JINGXIAN HUIGUAN LU

重刊館録序

自古創業難,守業更難,而保守公業爲尤難。何以言之?保守私業無人干涉,保守公業若非羣策羣力,不免權利競爭。而董其事者,即熱心公益,勞怨悉任。然羣情覬覦,誹語横加,非有毅然堅忍之心破除情面,則應付維艱。此其所以難也。北平爲歷代國都,我涇于明代本建置兩館爲公車[1]謁選[2]之所。清室入關,内城磚塔寺者已失業,僅存長巷下頭條一館屋宇。愀[3]隘[4]以科舉之盛,計偕[5]之衆,聊然乏舍,捐貲[6]擴充又不足容文旌[7]之駐。嗣復在南横街購置新館。俾每年應京兆及禮部試者税駕如歸[8],皆邑中各族姓鄉誼情殷樂輸[9]不倦,而亦在京鄉先達、鄉望[10]素孚[11]苦心孤詣之所致也。經營碩畫[12]具有成規,輪流掌管,大公無私。所有館款之收入支出,歲刊館録以昭信於梓里[13]。其間雖有未刊之年,簿册可稽,向無惑語。清光緒乙未年潘安濤前輩以修葺之餘貲,將本館所置房產契據重刊館録,藏板于館,願後人留心保管。當時任京秩者[14]遵照舊章相承勿替,今又閲數十年矣。朝代改革,民國肇興,我涇人在京服務者又極一時之盛。吾館房產及義園均有契照,董其事者不愆不忘[15]可保無虞。現國都南遷,北平改成市府,蒞[16]此土者不過暫假栖遲而[17]。爲久遠之計,自不能不重刊館録,俾各家珍藏而資保守。(紹烈)濫竽館事,歷有三次,頃重以董事會翟君健人、王君介侯、陳君錫朋、吴君鍊伯、吴君叔良之囑,命依照舊録纂述編叙,原有者繼承之,未有者增入之。思鄉先達創業之難,復思保守公業之更難,編録之責義不容辭。今將館録目標分爲六種:一、會館緣起并管理章程爲一類;二、義園歷代經過案牘爲一類;三、北平館產房契爲一類;四、歷代樂輸捐助爲一類;五、歷代科舉爲一類;六、歷代本館收支爲一類。裝訂成册,俾閲者一目瞭然。但冀吾鄉人居于斯聚于斯者,敦鄉誼聯鄉情,深明鄉館之大義,同心一德,和衷共濟，克保館業以垂[垂]永久也，爲至幸[18]用。是序。

中華民國二十二年一月　日　里人[19]徐紹烈謹誌

---

①公車：應試舉人的代稱。我國漢代始有以公家車馬送應試舉人赴京的傳統。清順治八年規定："舉人公車，由布政使給與盤費。"

②謁選：官吏赴吏部應選。

③愀（qiǎo）：臉色改變，多指悲傷、嚴肅。

④隘：隘窮，隘窘。

⑤計偕：指舉人赴京會試，語出《史記·儒林列傳序》。

⑥捐貲：私人或團體出資金辦理或資助公共事業。

⑦文旌：有文彩的旌旗。古時貴官出行時前導的儀仗，後用爲稱人行旅的敬辭。

⑧税駕如歸：停車後就像回到家里一樣。税駕，猶解駕，停車。謂休息或歸宿。税，通"挩"、"脱"。

⑨槳輸：東晉和南朝時期對浮浪人（没有入編户僑寓流民）所征之税。没有固定數額，比一般編户農民所交正税輕薄許多。後用來指愉快地拿錢出來，也即捐款。

⑩鄉望：指鄉里有名望的人。

⑪素孚：一直使人信服，本來（素來）就使人信服。

⑫碩畫：遠大的謀劃。晉左思《魏都賦》："碩畫精通，目無匪制。"

⑬梓里：指故鄉。

⑭京秩者：在京都當官的人。京秩，京官。

⑮不愆不忘：不要偏差不要遺漏。愆（qiān），過失。語出《詩·大雅·假樂》："不愆不忘，率由舊章。"

⑯涖："莅"的异体字，到。

⑰栖遲：遊玩休憩。出自《詩經·陳風·衡門》："衡門之下，可以栖遲。"而，疑爲"爾"誤。

⑱至幸：非常榮幸，十分幸運。

⑲里人：邑人之意。常見于古代墓誌銘或傳記落款。里：本義爲"里弄，街巷"。

老館緣起

會館之設，所以敦聚義而聯情好也。不以義聚而惟賄是圖，不以情聯而惟氣是尚，豈設館之初意哉？歷年來衆各有慨于中，而人心渙散莫適爲主，今年吴元垣新得雋[①]是，亦吾涇氣運之一轉也。元垣雅意，惓惓[②]欲重立館規，維持風俗挽回氣運。以予齒[③]差長又備員京秩，或可存餼羊[④]，屬予以執筆之役。予遂同元垣、翟迪吾等詣館，約衆齊集會議，各述年來廢弛之弊，殊爲不堪。但既往槩[⑤]置之不咎。以今八月初三日爲始，新立禁約，嚴行重罰，以示懲創[⑥]。予因徧閲歷年會簿，好義樂助者實多，其中敗羣者不過二三人。是二三人者，亦安能以寡勝衆哉！自今以後，凡有敗羣之徒，衆心齊力共擯[⑦]。如有一人不齊心者，即非吾涇之人。凡我同會，有如此盟，所有禁約開具于後。

一、禁訛詐。先年有査姓者，以民生充附學援。例有安吴王姓者販木在京，因懷隙首告[⑧]中城察院。時査毅齋任掌科，同衆處分，議得作獘者不法，舉首者不情，罪正相等，各罰銀伍拾兩，共銀百兩以置今館。此先輩成規也，後有犯者照例均罰。

一、禁惡語詈駡。夫物羣則玩，玩則以口相當，在常人亦有之。若吾輩來此聚會者，無論崇卑[⑨]，業已躋冠紳之列，須德業相勸、過失相規，乃爲嘉會。若效彼山野村夫詈駡相加，豈非衣冠之玷犯者，司會同衆議罰。

一、禁久占房屋。夫房屋原是通同公用之物，非各人私置。乃久占動以數年，令後來無駐足之地。會館豈爲一人設耶？今後輪流賃住，多者不過一年，滿一年後即房租無欠亦須搬出。候選者不在此例。

一、禁負賴房租。夫房租之設，原供修理之費。一人負賴，人人效尤，將來修理費無所出，會館必至不保。敗羣廢館，莫此爲甚。

今後照京例,每月朔日[10]司會[11]催取,每季終總交主會存貯。如有負賴及色低短數[12]者,司會賠償。

一、議會館出入。往時新到有接風盒酒,選官有保缺神福,本主加倍酬答。今議保缺非公典有,各自斂分者[13]聽,不得動支館銀。惟新到者長途疲倦,抵館如歸,所當體恤。舊館空神堂一間,新館空中堂一間,專待新到者一宿,司會管待本晚、次早二餐,約費幾錢幾分來人量所費倍償。不償者紀名于簿,後不准入館。凡初冠帶者[14]支館銀壹兩折賀禮,復禮貳兩。出京者折程壹兩,復貳兩。至義助一節,吾涇慷慨好義者多,故近今置買新館,重修舊館,鼎新大門巍然煥然,較舊大相懸絶,實藉義助之力。其願助者量助,不在復禮之列。(據此前叨,原有兩館詳見後)。

一、議作興儀節[15]。每科新中式文武進士及順天新中式舉人例有花紅筵宴,館前樹旗,其旗竿未壞,加油漆;已壞,重換。答者亦量所費倍償。

一、議上交儀節。本府縣公祖父母新選朝覲[16]、進表考滿[17]、行取[18]陞遷俱公送下程[19],臨時酌辦。其有回復公禮,亦登簿入館公用。

一、議今館現存銀叁拾金,并本年義助約可得伍拾金,議置館房屋壹所,以後漸擴充改造大厦,不得私侵挪用、假借他人,致令折本。違者議罰。

一、議查核器用。節年買置什物[20],具載簿內堂房。各有定所,不得挪移搬動。如有借人以致隱匿盜賣者,罰司會賠償。

一、議患難週恤[21]。凡吾邑人,如有無端生事及走棍騙人者,自有王法。若果係良善被人欺負遭横禍者,不得不相護庇。賀弔原是一禮,如有在京丁憂[22]者,備香楮弔奠。或有不測無力殯殮[23]者量助,不能歸葬者加倍,以篤鄉井之誼。

一、議主會司會。凡事無主則亂,今議照休寗例,尊京秩鄉紳一位爲主會;于聽選[24]中擇才德俱優者爲司會。一應事體俱,司會者任其勞。若選期已及,將經收銀錢帳目請主會者備酒同衆算明,交兌下首司會接管。

一、置收支二簿。刻涇川會館録板一面,并扣竹紙六十頁爲式,凡出入一一登記。

一、刻會録碑記,所以彰往而勸來也。今將建置始末、續置文契、新立條約、士紳題名、義助名姓勒一書刊刻裝訂,仍置大碑一座備載以垂不朽。

一、館内親友數千里同客,宜益加和睦如骨肉兄弟,患難相顧,疾病相扶持,斯爲親親之義。切勿些小口角致傷情面。如有此等,各罰銀壹兩,以爲和解酒食之費。

一、禁止賭博及妓婦進門。二者勞神傷財,爲害不小。犯此者罰銀壹兩入館。

一、關聖神前每日點燈掃地約,在館人五日輪流照管。

一、房租。本邑雖不同外人,亦須量議賃價,以爲修葺之資。

一、房間雖各執住,遇鄉、會試科場及候選、考職、進表、升遷諸公務來京,必須挪移量住,不得強占。

一、會館爲縣内親親一體之堂,非接引外縣之邸舍也。嗣後毋許帶領外人入館,如不遵者,罰銀壹兩入館公用。

一、義助修整房屋。前輩自五兩至十兩以至二十兩不等,今數年寥寥無聞,些微房費何能足用? 今有應試及高發并候選升遷來京者,俱要慷慨樂輸,以繼前人之志。以上各條悉照前輩舊規酌量遵行。凡我同人務在協力舉行、克振前烈[25],毋得懷私推諉、陽奉陰違。若能始終一轍,整頓吾涇一邑大體面者,不惟自己前程遠大且子孫亦必昌隆也。特約赤麓董嶽大山氏謹識。(檢匣中得舊簿載此條約,後不書年月,據前序稱吴元垣新得雋。元垣系吴公尚默號,此當是萬曆四十四年八月議也。所稱歷年會簿今無復存者,此真吉光片羽[26],直冠卷端。惟原議條例極繁細,只酌存規約,餘不悉載)

吾涇邑縉紳疊興，人才蔚起，文旌之駐聊然乏舍，前人合衆捐資貲買會館以備停車。向城內雙塔寺一宅五十餘間，鼎革[27]後已失業所，存者長巷頭條胡同一館耳。念前二館煥然整飭，慨今一館頹漫不堪。因進京人稀，乏資修葺，今蕭太和會同左隆吉邀衆公議立正、副會長執簿清算。嗣後館內各房照號取租，預斂修理之資，俾煥然重新，更爲一大觀也。凡一應進京入館者，照前朝舊例先助銀而後入館。每月租銀初一交付會長，若違公議，罰銀壹兩。恐後人心不一，立此款議存據。

檢帳裹中得此敝紙一幅，字多損滅，不載年月、人名，就其可讀者詳之，當在國初時。且據此得知前明原有兩館，一在城內，一在外城也。

康熙二十四年九月任等同諸兄細閱前規，實公且確。但邇來[28]房屋傾圮，不堪衆等目擊，捐資薄修。至如高大門户，創建宏基，以俟夫後之賢達者。

此簿但列舒之任等十八人姓名捐輸銀貳兩壹兩不等，兹不詳載。

---

①雋：本義"鳥肉肥美，味道好"。科舉時代喻稱考中。

②惓惓：念念不忘。清袁枚《隨園詩話》卷九："交書徐公，即掛帆還白下，終不得消息，心殊惓惓。"

③齒：因幼馬每歲生一齒，故以齒計算牛馬的歲數，亦指人的年齡。

④餼羊：古代用爲祭品的羊。餼（xì）。《論語·八佾》："子貢欲去告朔之餼羊。子曰：'賜也，爾愛其羊，我愛其禮。'"

⑤槩（gài）："概"的异体字。

⑥懲創：懲戒，警戒。

⑦擯：排斥，棄絶。

⑧首告：出面告發别人的犯罪行爲。

⑨崇卑：高低，高下。亦作"崇庳"。

⑩朔日：農曆每月初一是朔日。當天月球和太陽黄經相等，稱爲朔。

⑪司會:官名。《周禮》天官之屬,主管財政經濟及對群官政績的考察。後指掌管財務,擔任度支職務。

⑫色低短數:銀子成色低,數量不夠。

⑬斂分者:湊份子的人。斂,收集。

⑭初冠帶者:指第一次當官的人。冠帶,借指官吏。

⑮儀節:禮法,礼節。

⑯朝覲:朝見,拜見(君主)。

⑰考滿:明代針對每一位任職到一定期限的官員進行的一般性考核,主要考核官員的從政資歷和政績。辦法是三年一考,三考爲滿,考滿之日,由有關部門量其功過,分成上、中、下三等,以此爲據決定其升降去留。

⑱行取:明制。州縣官有政績者,經地方長官保舉,由吏部行文調取至京,通過考選後補授科道或部屬官職,稱爲行取。清初沿襲。《養吉齋叢録》卷三:"直省知縣,正途出身者,三年行取一次,大省三人,中省二人,小省一人,吏部按期奏請,沿前明舊制也。"乾隆十六年(1751)廢止。

⑲下程:設宴送别。舊時風俗把爲客人送行的路費、禮物,或做官卸職以後人家送的禮物稱爲下程。

⑳什物:各種物品器具,多指日常生活用品。

㉑週恤:周濟,撫恤。

㉒丁憂:原指遇到父母或祖父母等直系尊長等喪事,後多指官員居喪。丁憂源于漢代。據《爾雅·釋詁》:"丁,當也。"是遭逢、遇到的意思。據《尚書·説命上》:"憂,居喪也。"丁憂期限三年,期間要吃、住、睡在父母墳前,不喝酒、不洗澡、不剃頭、不更衣,并停止一切娱樂活動。

㉓殯殮:入殮和出殯。

㉔聽選:明、清對已授職而等候選用者之稱。《明史·選舉志三》:"初授者曰聽選,升任者曰升遷。"

㉕克振前烈:前人的功業。

㉖吉光片羽:吉光,古代神話中的神馬名;片羽,一片羽毛。古代傳説,吉光是神獸,毛皮爲裘,入水數日不沉,入火不焦。"吉光片羽"指神獸的一小塊毛皮,比喻殘存的珍貴的文物。

㉗鼎革:舊時特指改朝换代。

㉘邇來:近來,最近。

辛未春，與汪新又潘天御暨小阮蔚若同上公車，躭延[①]京邸者五閱月[②]，關帝祠壁間毛書數行，微有字蹟，煙煤敗黑，幾不可復識。室中有殘碑半瘞[③]土中，拭讀之，乃先輩趙行吾、吴元垣先生館規也。其詞忠厚和平，剴切周詳[④]。嚴而雅、婉而正，曲[⑤]合夫人情物理[⑥]之宜，直可垂數千百年不朽者。因嘅[⑦]前輩一段苦心鳩兹[⑧]，數茅不過，爲同邑謁選公車延試人雍輩作一歇脚地。溯其始創自嘉、隆[⑨]，不克[⑩]譜其月日。一切規約井井有條，駐足者例出微資以爲修葺費。三千里聚晤劇譚[⑪]驤首[⑫]天衢[⑬]，頗不覺其寂寥。前人之爲功後人者不淺！館之賴不墜者，多歷年所矣。今則椽朽墁畫，來者往者或旬日、或半月、或經年數載，呼東則東，呼西則西，視同傳舍[⑭]。公費之出入，牆垣之存廢，美典良法種種皆束之高閣不問。日復一日，立見傾圮。嗟乎！前人之雅意湮没于後人而不傳者可勝道者哉。余目擊心傷，輒不禁輾然曰：凡事創之者難，守之者亦不易。非有勃然不可移之氣，不避嫌怨、不惜勞、不顧人情罣礙[⑮]而毅然修之、葺之、釐剔[⑯]之，鮮不抛棄。竊歎天下事壞于慳鄙貪饕[⑰]一種人固多，而廢于悠悠忽忽[⑱]因循不振[⑲]者亦不少。因請所貯原簿，捐微貲，集諸戚友，公議助費庀材鳩工[⑳]一振刷[㉑]焉。公推王昌季、佘遜菴、葉芸若、張文玉主其事，一切規約悉遵前訂，每年終清算。嗣後若有乾没[㉒]半文者，永不許入館。凡有此等，幽則關帝譴責之，明則同人譙讓[㉓]之。毋謂鬼神不足畏，人言不足惜也。同事諸君名署于簿不具載，因搦管[㉔]以指其凡。时康熙三十年蒲月[㉕]中澣[㉖]之五日里人胡昆曉升氏謾誌于長安旅邸。

一、禁侵用公費。凡館内房租并一切義助原備修葺之資，近有擅自私侵至數十兩，不思急公悍然懷私，無論衆責寧不自愧。今悉登于簿，俟陸續算還。如再有此等不肖者，衆共逐出，永不許入館。若主會者私借貸與人不還者，不但賠償且加倍罰。

一、禁住家眷。向周伯成[㉗]候選帶有家小，衆議考後即搬移出館，有永不許住家眷之禁。今後倘有家眷即當另行外賃，毋得占住致碍彼此體面。應遵前約再爲嚴申。

其規約同前者不重載,只摘載增添二條。

---

①躭延:耽擱;拖延。躭,"耽"的异体字。

②閲月:經一月。

③瘞(yì):掩埋,埋葬

④剴切周祥:切實。與事理相符合,周到詳細。

⑤曲:周遍,多方面。

⑥人情物理:泛指一切人情事理。

⑦嘅:"慨"的异体字,歎息。

⑧苦心鳩兹:費盡心思聚集。

⑨嘉、隆:明嘉靖、隆慶。公元1522—1572年間。

⑩不克:不能。

⑪聚晤劇譚:會晤暢談。譚,同"談"。

⑫驤首:抬頭,比喻意氣軒昂。

⑬天衢:京都。

⑭視同傳舍:看作是行人住宿、休息的處所一樣。

⑮罣礙(guà'ài):牽掣;障礙。

⑯釐剔:清理剔除;革除。

⑰慳鄙貪饕:慳(qiān),小氣,吝嗇。貪饕(tān tiè),貪得無厭。

⑱悠悠忽忽:形容悠閑懶散或神志恍惚的樣子。

⑲因循不振:守舊而不改變。

⑳庀材鳩工:招聚工匠,準備建築工程材料。庀(pǐ),準備,具備;鳩,聚集。

㉑振刷:奮起圖新,振作。

㉒乾没:侵吞公家或别人的財物。

㉓誚讓:譴責。

㉔搦管(nuò guǎn):握筆;執筆爲文。

㉕蒲月:農曆五月,稱爲蒲月,來自民間門窗掛菖蒲的習俗。

㉖中浣:泛指每月中旬。

㉗伯成:成王封伯。

重修涇縣會館碑記

館之擴興其前者略具家銀臺公碑記矣于雍正己酉,余所及見前後,凡三進門率偏左低窪傾敗不可待。廳堂略修整,以孝廉吴君子峻躬葺而爲日差近也。住屋七間亦皆低窪,尤參差不齊,神像供右偏三間中之一。壬子冬,公車畢集都閫[①],胡君定侯以需次兵曹[②]適至,衆推督治[③]門房,癸丑告竣。已書移建規制并輸者于版。乾隆丙辰、丁巳間,吴君思大舉,屬[④]余爲文告邑人,而陳氏、衛氏爭先輸致京邸。癸亥,余憂歸。乙丑胡侍御[⑤]前輩以書來,言館左楊氏業將折售,館孤立,隣空地可虞[⑥],擬購之。先是邑之援例[⑦],入太學[⑧]者捐輸,稍有儲偫[⑨];加陳氏、衛氏項可償值之三四,不足益以公車謁選者助,仍不足,懸以屬子。(余)乃屬倪君天修爲傳單,走告邑人,咸踴躍,斂費若干。丙寅,(余)至京商之胡侍御前輩,完其懸項[⑩],高其垣[⑪],墉塞[⑫]旁門,啟户而聯屬于館,繼理廳堂加塗塈[⑬],于堂之左右,各增建小屋一间如抱。丁卯春,屬胡君熾若董其事。盡除舊房,填土築基與後街平,仍七間舊制。於右偏階下增小廂一,歷夏而功始就。奉神像居正中,瞻者肅[⑭]焉。新購楊業前後恰與館齊,凡四層,層各二間。其前二間上有樓,自是而門堂室宇高爽完整。我邑人至其,慶如歸乎。(余)歷追館之式廓[⑮]及今兹之新購,知我邑人之好義急公,蓋素所風尚然也。後之君子思創垂[⑯]之艱,引繼承之責,嚴毁壞之防,競相勸勉,維神其相之,邑先賢實左右之矣。爰[⑰]勒[⑱]捐助姓名于碑之陰[⑲],其次第[⑳]一以輸到先後爲序。時乾隆十有四年,歲在己巳仲春[㉑]月上浣[㉒]之吉邑人趙青藜然乙氏記并書。

此次重議規條詳見舊館録者不重載。

---

①都閫:京都,都會,通都大邑。一國的最高行政機關所在的地方。閫(kǔn),

門檻，特指城郭的門檻。

②兵曹：古代一種職位。陰陽家有《五曹官制》五篇。班氏本注："漢制，似賈誼所條。"補注引疏證："五曹算經云：一爲田曹，地利爲先；既有田疇，必資人力，故次兵曹；人衆比用飲食，故次集曹；衆既會集，必務儲蓄，次倉曹；倉廩貨幣相交貿，次金曹。"

③督治：督率治理。

④屬：同"囑"。

⑤侍御：官名。秦置，漢沿設，在御史大夫之下。唐侍御史屬臺院，殿中侍御史屬殿院，監察御史屬監院，三者并列。衆呼殿中侍御史、監察御史爲侍御。宋、元及明初侍御史只設一二人，作爲御史大夫、御史中丞的佐貳。

⑥虞：本義爲"神話傳説中的獸名"，現爲"猜度；料想"。

⑦援例：引用成例。

⑧太學：我國古代教育行政機構和最高學府。太學之名始于西周。漢代始設于京師。魏晉至明清或設太學，或設國子學（監），或兩者同時設立，名稱不一，制度也有變化，但都是教授王公貴族子弟的最高學府，就學的生員皆稱太學生、國子生。

⑨儲偫（chǔ zhì）：亦作"儲峙"，儲備，特指存儲物資以備需用。

⑩懸項：没有着落，没有結束的事項。

⑪垣：矮牆。

⑫墉塞：堵塞不通。

⑬墍（xì）：塗泥，塗飾。

⑭肅：恭敬，嚴肅。

⑮式廓：規模，範圍。

⑯垂：古同"垂"，傳下去，傳留後世。

⑰爰：于是。

⑱勒：雕刻。

⑲陰：不見陽光，亦指不見陽光的地方。碑的背面。

⑳次第：次序。排比編次。

㉑仲春：春季的第二個月，即農曆二月。因處春季之中，故稱。

㉒上浣：上旬。

涇縣會館勸輸引

邑館創自前明,僅數間耳。其後遞增遞廣以有斯館也。擴充興復之功豈不以人哉？雖然人難言矣,其未至京者既以遠隔千里無由懸知[①],而在京者又以無久任之人,雖有義舉,或七八年或三四年一轉移其手,而其事遂寢[②]甚矣。人難言也。第[③]檢舊簿中從前計,偕謁選以及入國學者俱有所捐助,登之扁額,載之碑記,以垂永久。誠盛舉也。近以經理乏人,而國學一項助者寥寥,將遷延[④]日下,不至傾圮[⑤]頹廢焉不止。夫前人之業,後人即不能擴而大之,亦何忍坐視其廢也哉？凡我同人現在京者,既約定各有所輸,猶望吾鄉好義諸君子,雖遠隔千里路,目所未見,亦慨然興樂助之思,以便登額[⑥]勒石昭垂[⑦]不朽云。乾隆二十五年歲在庚辰季秋[⑧]之吉邑人公具。

---

①懸知:料想;預知。

②寢:停止,平息。

③第:次序。

④遷延:退卻,後退。

⑤傾圮:倒塌。

⑥登額:登記于扁額。

⑦昭垂:昭示,垂示。

⑧季秋:秋季的最後一個月,農曆九月。

涇縣會館申明條例

吾邑之有會館,自明迄今垂四百年。由衆志樂輸,經理得人,故能守舊增新傳之勿替。向來業有成規,柰[①]日久疲玩[②],弊竇[③]漸開。爲此申明條例開列于左[4],庶[5]觸目警心[6],知所遵循,以勷[7]美舉云。

①柰:同"奈",怎樣,如何。

②疲玩:懈怠玩忽。

③弊竇:產生弊害的漏洞。

④左:古人書寫文字自右向左。

⑤庶:表示希望發生或出現某事,進行推測;但願,或許。

⑥觸目警心:看到某種情況,心中引起警覺。

⑦勷:古同"襄",助,輔助。

一文武科甲輸銀規條

鄉試[1]中式貳兩(元加倍)。恩[2]、拔[3]、副[4]、歲[5]、優貢[6]壹兩。會試[7]中式肆兩(元加倍)。殿試[8]榜、探拾伍兩(元加倍,館備花紅[9]銀肆兩作賀)。

①鄉試:明代正式科舉考試分爲鄉試、會試、殿試三級。鄉試是由南、北直隸和各布政使司舉行的地方考試。地點在南、北京府、布政使司駐地。每三年一次,又叫鄉闈。考試的試場稱爲貢院。考期在秋季八月,故又稱秋闈。凡本省科舉生員與監生均可應考。主考官由皇帝委派。考後發布正、副榜,正榜所取的叫舉人,第一名稱解元。

②恩貢:科舉制度中貢入國子監的生員的一種。明清定制,凡遇皇室慶典,加貢一次作爲恩貢。恩貢有一項歲貢所無的特權,即非有重罪,學政不能呈請革去科名。

③拔貢:科舉制度中貢入國子監的生員的一種。清制,初定六年一次,乾隆七年改爲每十二年(即逢酉歲)一次,由各省學政選拔文行兼優的生員,貢入京師,稱爲拔貢生,簡稱拔貢。

④副貢:科舉制度中貢入國子監的生員的一種。在鄉試録取名額外列入備取,稱爲"副榜貢生",故簡稱副貢。

⑤歲貢:科舉時代貢入國子監的生員的一種。明清兩代,每年或兩三年從府、

州、縣學中選送廪生升入國子監肄業，故稱。

⑥優貢：清制，每三年各省學政于府、州、縣在學生員中選拔文行俱優者，與督撫會考核定數名，貢入京師國子監，稱爲優貢生。經朝考合格後可任職。與歲貢、恩貢、拔貢、副貢合稱“五貢”。

⑦會試：明清兩代每三年在京城舉行的一次考試，因在春季舉行，故又稱春闈。考試由禮部主持，皇帝任命正、副總裁，各省的舉人及國子監監生皆可應考，録取三百名爲貢士，俗稱出貢，别稱明經，第一名叫會元。

⑧殿試：科舉制最高級别的考試，皇帝在殿廷上，對會試録取的貢士親自策問，以定甲第。殿試在會試後當年舉行，時間最初是三月初一。明憲宗成化八年起，改爲三月十五。殿試畢，次日讀卷，又次日放榜。録取分三甲：一甲三名，賜進士及第，第一名稱狀元、鼎元，二名榜眼，三名探花，合稱三鼎甲。二甲賜進士出身，三甲賜同進士出身。二、三甲第一名皆稱傳臚。一、二、三甲通稱進士。進士榜稱甲榜，或稱甲科。進士榜用黄紙書寫，故叫黄甲，也稱金榜，中進士稱金榜題名。

⑨花紅：插金花、披紅綢，象徵喜慶吉事。

一出仕[1]輸銀規條

一二品，百兩。三品，伍拾兩。四品，貳拾兩。五品，拾貳兩。六七品，捌兩。教職，貳兩。八九品并未入流[2]，貳兩。

京官出差、主考[3]，捌兩。學院，拾貳兩。

此俱係士起例[4]，力厚者當益加勸。

誥封[5]現任七品以上者，照品級减半，八九品以下不减。其丁憂、終養[6]例應請封者照現任减半。

---

①出仕：成爲仕宦；出來做官。

②未入流：清朝官員等級分“九品十八級”，每等有正從之别，不在十八級之内的叫做未入流，級别上附于從九品。

③主考：明、清官名。掌主持各省及京師鄉試。

④起例：指作出規定。

⑤誥封：封建王朝對官員及其先代、妻室授予爵位或稱號。

⑥終養：奉養父母，以終其天年。多指辭官歸家以終養年老親人。

一捐職銜貢監輸銀規條

四品，拾兩。五品，陸兩。六七品，貳兩。八品以下誥封照品級爲式。貢監[①]，伍錢。

---

①貢監：明、清時生員入國子監讀書者叫貢生，又稱貢監。

一、來京鄉試、會試及有公務居住會館者，量力樂輸。

一、應出銀兩恃頑[①]不出者，註明姓名不輸字樣，後去本身[②]及子孫來京不許入會館居住。

一、會館總管于士商[③]内公議三四人，凡銀錢出入及修理房屋，置辦傢伙俱于總管是問，其一切銀錢本款均不得借貸。倘有狥[④]情私借及外放失脱[⑤]者，經手賠償。其帳目每年九月初一日總管約邑人在京者公同結算，酒席銀貳兩出公匣[⑥]。

一、凡會試之年，候補[⑦]、候選[⑧]及客商、閑住之人俱要讓出屋與會試人居住。

一、大廳前東邊房屋六間，除會試之後，酌量暫賃以充公用，或如成衣局[⑨]之類方可，萬不可租住家眷以致污穢。

一、館内房屋袛[⑩]可本邑人居住，其有狥私借與外邑親友者罰銀伍兩，仍將借居之人公同驅出。

一、候補、候選及一切留京者俱不得帶家眷在館居住，及藉口[⑪]出租以冀搪塞，倘或恃頑不遵館規，公同驅逐。

一、房間有大小坑、有寬窄。寬大者，方桌[⑫]一張，凳二個；窄小者，條桌二張，凳二個；無坑者，床一張或舖板一副，俱館中公辦。其廚竈及一切動用傢伙俱係自辦。各房桌凳公辦。外有願添者亦係自辦。

一、大廳上原設長桌一張，方桌一張，椅子六把，俱不搬移私用。

一、各房坑上蘆席及脚下人等舖板俱係自辦。

一、關帝壽旦[13]，公同虔祭。其使費俱公。

一、義塚春秋二次燒帋照舊舉行，凡在京者務須偕往，以防失業。

一、會館之設，俾邑人來京税駕如歸，各勤其業，如有非僻[14]之事衆共驅逐。

一、逐年經手捐納，如有狥情私匿者，查出照數倍罰。

以上各條另書匾額懸館，邑人同訂。

---

①恃頑：任性逞強。

②本身：自己，自身。

③士商：讀書和經商的人。士農工商爲古代四民。

④狥：同"徇"。

⑤失脱：疏忽失誤。

⑥公匣：爲管理公共事務而設置的專用器具。匣，用木、藤等製作的精致小箱子。

⑦候補：清制，未曾補授實缺官員，在吏部取得候選資格後，吏部匯列呈請分發官員名單，根據職位、資格、班次，每月抽籤一次，分發到某部或某省，聽候委用，稱爲候補。如欲免抽籤，自行指定到某處候補，須另行交錢，稱爲指省或指分。

⑧候選：清制，内自郎中，外自道員以下官員，凡初由考試或捐納出身，及原官因故開缺依例起複，皆須赴吏部報到，開具履曆，呈送保結。吏部查驗屬實，允許登記後，聽候依法選用，稱候選。

⑨成衣局：裁縫鋪。

⑩衹(zhǐ)：正、恰、只。

⑪藉口：多作托辭或假托的理由。

⑫關帝壽旦：關帝即關羽，三國時期蜀漢大將。字雲長，河東解縣人(今山西臨猗西南)。在我國歷史上，關羽以忠義勇武而著稱。自宋朝關羽被封爲"義勇武安王"以後，元朝文宗時封"顯靈義勇武安英濟王"，明太祖洪武年

間復原封"漢壽亭侯",世宗嘉靖年間稱"漢關帝壽亭侯",神宗萬曆年間封"三界伏魔大帝神威遠鎮天尊關聖帝君"。清朝,帝王更加崇奉關羽,晉升關羽爲"帝"。稱其爲關公、關帝。民間習俗以陰曆五月十三或六月廿四是關帝誕辰。

⑬非僻:亦作非辟,邪惡。

吾邑會館門廊于乾隆丙寅年重修,閱今三十年矣。地勢低窪,梁棟級磚朽壞傾圮,岌岌[1]不可待。數年來積有公項貳伯[佰]柒拾兩,邑人在京者公議胠匣[2]起營門樓,二門迄從屋八間半,基倍[3]三尺許,門樓規撫較前宏整。其用不敷[4],復各輸銀共叁拾玖兩。乃藏厥事爰。鐫輸銀人姓名于後。

此乾隆四十四年重修也,捐助姓名不重載。

凡家伙所存十無一二,豈經理之無人歟?抑居住者不得辭其責歟。今將舊存及新置各件鎖貯一房,其鑰匙交與董事人收掌。凡館内有人到時,照例取用。人去後仍將家伙鎖貯。每年九月結帳時公同查點一次,其用家伙者或致破毀折損必須照樣賠償。

乾隆五十二年歲次丁未邑人同訂。

此年所採舊簿條例不重載。

---

①岌岌不可待:形容非常危險,已經不能再等了。岌岌:山高陡峭,就要倒下的樣子。

②胠匣:打開公用的小箱子。

③倍:增益。

④敷:足夠。

嘉慶五年涇縣會館勸捐啟

邑館自前明迄今,數百年相沿弗替,胥[1]藉闔邑計偕謁選及加捐,諸人照例樂輸得鳩貲[2]完葺[3]以垂永久,乃歷有年[4]。所用既不支[5],而館舍多傾圮不可待,來京者覩[6]其敝也,而樂輸之願益淡,至國學或多假手輸與否者亦不等,今春統計舊貲不過百餘。目前修整工程頗浩,所存已無幾。而在京諸人未輸者已從[7]踴躍,京外者并于名下缺注銀兩,俟輸後再爲刊上。夫一人之所費無多,而藉以沿數百年闔邑之義舉,我邑人誰不樂爲之?并將館規郵與諸鄉,以俟衆君子共勸[8]焉。

嘉慶庚申仲秋月邑人共具。

此次紙號鬮分[9]領管并捐助姓氏不重載。

---

①胥:全,都。

②鳩貲:聚集財物,錢財。鳩,聚集;貲,同“資”,財物,錢財。

③完葺:修繕,修葺。

④有年:經過很多年

⑤不支:不能支撑。謂力量不夠。

⑥覩:“睹”的异体字,看見。

⑦從:參予;跟隨。

⑧勸:勉勵。

⑨鬮分:亦稱分鬮,一種分配方式。

嘉慶八年涇縣會館規捐啟

邑館自明迄今數百年相沿弗替,皆由諸君子踴躍樂輸傳之永遠。奈日久弊生,因循觀望[1],館規不出,公項無存。致館舍遂多傾圮,修葺爲艱。想合邑好義者必不忍坐視也。今復謹遵舊例重申數條,凡鄉會試閒[閑]年[2]暫議出租以充公用。至所應出,館規毋許隱匿,稽遲[3]已輸者刊勒館簿,未輸者開列姓名永註不輸字樣,庶幾[4]觸目警心,慷然樂助,將前人之創垂不致失墜,而後人之繼述永示無忘,於以振興邑館不難焉!此叙。

嘉慶八年歲在癸亥仲夏月邑人公具。

此年所載規例不重載。

---

①因循觀望:循規蹈矩只會觀望。

②鄉會試閒[閑]年:干支紀年是我國古代最基本的紀年方式之一。明清時鄉試每三年一次,逢子、卯、午、酉年舉行;會試也是每三年一次,于鄉試的第二年即逢丑、辰、未、戌年舉行。鄉、人試閑年即指不舉行鄉、會試的寅、巳、申、亥年。

③稽遲:拖延;耽誤。

④庶幾:或許可以。

徵修會館啟

吾涇京師會館坐落前門外長巷下頭條胡同,蓋[1]始于前朝,攷[2]諸碑文,覽一切義助創修與住館規約,知前輩之合力同心爲久遠,計者至詳且備[3]。數百年來,同鄉歡聚作客如歸,皆昔人共敦鄉誼之所遺也。嗣[4]因規約不嚴,日久廢弛,梁椽摧朽,牆壁坍塌,迄辛酉秋修改門樓,稍爲整緝[5]。十年以來,科名浸盛[6],入都雲集[7],意欲擴宏基宇,增置房屋,而館乏積資,興起無由。辛未春,同鄉在京者深念前人創建之艱,不乘時以修葺,恐日久而更難爲力也,亟思有以完繕之。又以今日人文之盛,非拓地以振新,恐輻輳[8]而靡所栖止[9]也,更思有以張大[10]之。爲此謹啟徧[11]告闔邑,踴躍捐輸,不拘巨細,或因舊廓新,或擇吉添置,總以捐輸之多少酌爲創建之章程。所有捐輸銀兩,統俟彙齊寄京以成美舉,勒石[12]以垂[垂]不朽。至于督理修造之功,籌畫[13]久遠之策,恪遵[14]前規,重申舊約,是則同鄉在京者之義不容辭也。

時嘉慶十六年歲在辛未夏四月邑人同啟。

①蓋(gài):文言虛詞,發語詞。

②攷:“考”的异体字。

③至詳且備:非常詳細、完備。

④嗣:接續,繼承。

⑤整:齊整。緝,把麻析成縷連接起來。

⑥浸盛:逐漸強盛。

⑦雲集:比喻許多人從各處來,聚集在一起。

⑧輻輳:比喻人或物聚集在一起。輳(còu),車輪的輻聚集到中心,引申爲聚集。

⑨靡所栖止:没有固定的居留場地。靡,分散;栖,居留,停留。

⑩張大:擴大,發揚光大。

⑪徧:“遍”的异体字。

⑫勒石:刻字于石。亦指立碑。

⑬籌畫:謀劃。籌,計數的用具,多用竹子製成。

⑭恪遵:恭謹遵守。

吴昌齡接管會館誌

嘉慶十九年四月初旬,邑人公議修葺老館與新館,各事宜一律經理鬮分先後,按年輪管,一爲家履齋、次爲昌齡、三爲朱予簡、四爲胡墨莊、五爲潘醇甫、六爲朱蘭坡。議既定,將新館之文契帳目,由朱蘭坡交履齋接收;老館之文契帳目,由潘醇甫交履齋接收。越翌日[①],旋[②]有謂朝南之屋,戌年不宜興工,老館之修遂止。秋七月,履齋告假南旋[③],將兩館之文契帳目交與昌齡。比謂新館之置既未與聞,老館之修又復中止,可以無庸[④]過問。而鬮分既定,非可越次[⑤]而交,却[⑥]之固不能也。第[⑦]老館既未修葺,則新館之帳目不宜雜以老館之支用,使頭緒混淆。且館規久弛,昌齡昧于世情,恐言之徒[⑧]取厭于人,而于兩館毫無裨[⑨]也。爰[⑩]另立一簿,自甲戌七月二十二日起至乙亥七月週[周]年止,僅將房租、喜助各款收支數目分别登記以備邑人查考焉。如云經理,則滋愧矣。請俟[11]夫賢者能者。嘉慶二十年歲次乙亥七月邑人吴昌齡[12]謹誌。

自甲戌公議,兩館業經合一,至是又復重分。將老館契據帳匣由吴季卿手仍交紙號收執,計本年收林一號交出舊在銀外又收息銀京平紋銀[13]陸兩伍錢伍分叁釐[14],又收照例喜助銀伍拾壹兩伍錢肆分,此由丁丑合并後照帳録出。

---

①翌日:指第二天,明日,明天。

②旋:不久。

③旋:歸。

④無庸:無須,不必。

⑤越次:越出序列,越出位次。

⑥卻:"却"的异体字,推却,不受。

⑦第:但。

⑧徒:白白地。

⑨裨:增添,補助。

⑩爰:于是。

⑪俟:等待。

⑫吴昌齡,字季卿,乾隆五十四年(1789)舉人。嘉慶十三年(1808)中進士,授翰林院庶吉士、散館編修,改吏部稽勳司主事兼文選司題,旋升文選司員外郎。有《以鳴編》、《勘災詩》和《藤花書屋賦存》等著作。

⑬京平紋銀:全稱爲"户部庫平十足紋銀",其成色是935.374‰,是清朝法定的一種銀兩標準成色。清廷規定繳納錢糧等都以紋銀爲標準,其他銀兩均須按成色折合計算。

⑭釐:"厘"的异体字。

涇縣會館公議在京紙客輪班管理老館文

吾邑前人在京之鮮魚口長巷下頭條胡同置立會館,原以備邑人之往來,旅至如歸。閲今四百餘年矣。其間牆[墻]垣傾圮、門椽朽壞,歷經高明義士慨助修築以符陽宅之吉。故近歲科甲綿綿[1],簪纓濟濟[2],正宜循兹遺規[3],繼事增華,非以壯觀瞻[4],愈以見後人之率由[5]不忘也。乃乙亥歲夏,我輩因公抵館,見堂楹[6]户牖[7]頹敗實甚,若不因時修葺,日久亦難收整理。是以公同商議,仍延[8]本邑客侶汪、沈諸位董事經修。嗣後,客侶經手捐納,各職銜照舊捐輸館規總之。館項微少,現計核算工價有缺無盈,焉能相沿持久? 樹滋等勉力捐助,俾得續生微利聊資公用。其凡科甲捐銜及内外選、補、升任諸公,如有情愿樂輸者,胥[9]聽隨力捐助。將來公用充而儲蓄裕,則前人之業引之勿替[10],後人之功傳之不泯。所有公項帳本文契概交沈、汪諸位輪年接管,每歲九月初旬,即令長班[11]知會同鄉齊集會館,清算帳項,并另開單粘貼廳堂。如有不合,凡我同人毋避嫌怨,剴切[12]明言。幸勿面從而有後語,斯于公事有裨矣。用識數語以告同志。嘉慶二十六年六月初五日同議。專延在京紙客輪班管理老館帳項一切修整事宜,以埀[垂]永久。其各字號登明:

一班汪九合號、二班曹林一號、三班汪義合號、四班張相臣號、五班汪開陽號。

嘉慶二十年邑人翟樹滋、趙作賓、吴世穎、吴學涞、鄭中岳、趙季田、翟晉安、查輝祖等謹誌。

---

①科甲綿綿:科舉出身的人不斷。科甲:科舉,因漢唐時舉士考試分甲、乙等科。也指科舉出身的人;綿綿:連續不斷貌。

②簪纓濟濟:形容高官顯宦從多。簪纓,古代達官貴人的冠飾。後遂藉以指高官顯宦。

③遺規:先前留下的規則,法度。

④觀瞻:指一種具體景觀給人印象。

⑤率由:遵循,沿用。

⑥楹:堂屋前部的柱子。

⑦户牖:門窗,門户。

⑧延:引進,請。

⑨胥:全,都。

⑩引之勿替:語出《詩經·小雅·楚茨》:“子子孫孫,勿替引之”。意爲將前人的事業沿續下去,切勿廢棄。引,斂也;替,廢。

⑪長班:指古代官紳身旁隨時聽使喚的僕人,同長隨。

⑫剴切:切實,懇切。

新議館規(嘉慶二十二年四月)

吾邑會館,自有明迄今歷有規約載在館録。惟因時候今昔不同,人事參差不一,未能遵守舊章。今自添設新館之後,兩館事同一體。是以邀叙同邑公同商議,仿照舊館成規,酌古準今[①],籌畫妥善,另立規約,開列于後。

計開:

一、議新舊會館合管以歸劃一[②]。

一、議每年主會一人,京秩拈鬮挨管。除甲戌同鄉六位按照鬮定先後接管,對期交卸外,後有新任京秩,或由外任内用及差竣[③]回京,總以到京先後挨管。同日到者再鬮分先後,即注明簿上,不得推諉。如值年人有事出京,即交下手接管。俟回京時仍將應管月數補足。

一、議自本年爲始,一切費用帳目定于每年九月初一日結算。值年人先期出知,邀集凡在京同鄉,將新舊館文契及各帳目共叁匣并館内物件,公同查明交下班經管。如有短少,未交之前舊值補償;已交之後新值補償,兩無推諉。是日酌辦午飯,臨時按人數備席,每席大錢貳千伍百文,不得過費[④]。

一、議每年出息銀兩,除歲修[⑤]及各項支用外,餘者公酌妥爲生放[⑥]。俟積有成數[⑦]便須公酌置産,不得貪利以致有誤。

一、議會館修葺最關緊要。值年人隨時到館親勘，有應修處即行估計修理，不得因循以致重費。所用細帳[賬]逐一登記每年支銀簿上，不得浮冒[8]。

一、議老館設立關帝神像，新館設立文昌[9]神位。每值誕辰，值年人通知同鄉在京者于清晨齊集，拈香備品祭奠；午後享餘。既以虔祝神壽，亦得共叙鄉情。其席臨時按人數備辦。每席亦以貳千伍百文爲率，不得過費。

一、議每月初一日、十五日值年人敬詣兩館神前拈香，即藉以稽查一切。前一夕令長班先請。

一、議廳堂、房屋、厨房一切傢伙，既于簿上登明，各處亦釘牌壁上，逐件登記。如有年久損壞者，隨時買補，并于簿上注明件數。

一、議館内房屋鑰匙，俱交值年人收貯。凡住館人到，將傢伙點明，并鑰匙俱交伊收執，出館之日查明收回。倘有失落損壞，即令修賠，不得隱縱。

一、議會館凡鄉會試、赴選及一切正務來京者俱得居住。其遇鄉會試年分，如本邑應試人多，凡住館者即當搬讓，以重考試。如有占住遲延不讓者，公同辭出。

一、議鄉會試前期兩月，值年人將傢伙鑪竈親查一次，有應修補者修補。

一、議住會館者不得携帶家眷。或有挈眷初到暫時落脚，限以一月之内另行賃屋搬移，不得違限，致啟煩言，有碍體面。

一、議會館不得蓄違禁器物；不得容娼優[10]出入；不得賭博酗酒；并不得借貯貨物及粘貼醫、卜、星相[11]招牌；不得在内做手藝；其一切不安本分有實迹者、跟官服役者，俱不得居住。更有來京訐訟[12]，先以不知容留，一覺即行辭出。如有違抗不遵者，長班禀明值年人，值年出知公集館内，勒令搬出。倘有犯以上各項，不行禀明，惟長班是問。

一、議向例俱禁久占房屋。其有無故久占者，公同辭出。

一、議非本邑人或與本邑人同來，暫借落脚，以三日爲限即應搬出。衹與來者同住，仍不得另占房間。

一、議本邑人寄籍外地者，止許本身居住會館。其後裔不歸原籍者不准居住，即情願捐輸亦不准收入。

一、議會館向有樂輸條例，今因館有餘貲可彀歲修，此例暫行停止。其援例及入國學有情願照舊捐輸者聽[13]。

一、議新館本屋以内俱永遠不准出租。其館東屋壹所先儘［僅］本邑人租住，每月紋銀柒兩；如本邑人無人願租，再行租與外邑人，每月紋銀玖兩。又兵馬司後街住房一宅，亦儘［僅］本邑人租住，每月紋銀拾陸兩；如租與外邑人，每月紋銀貳拾兩。又館前門面貳間，館西花園前獨院五間隨時酌價招租。

一、議館内應收房租，值年人按月遣長班領摺討取，不得短少。倘有欠少者，集衆索取，并令搬移，另行招租。

一、議患難周恤。同邑有流落京師者，查明實係守分之人，因貧病不能回籍，值年人通知酌量給予盤費，本人不得爭競多寡。

一、議義塚以安旅藭。前人創置，修復維艱，亟宜經理。雖紙號舊有存項，仍酌于歲修項内動支，定界培土并四圍築土牆，内添蓋房屋，酌加守塚人工食[14]以期永久。

一、議每年清明、上元[15]時節，值年人備楮帛[16]酒飯到義塚祭奠一次。先期知會合邑人于巳刻齊集行禮。不到者注明緣故，遲者不候。如有應行修理之處，便即修理，不可因循。

一、議長班工食。老館定給每年大錢拾肆千文，加添稽查義塚兩千文，共拾陸千文（于本館支給拾千，在義塚皮棚地租收陸千）。新班房屋較寬，定給大錢拾陸千，加澆灌園中花木錢貳千，共拾捌千（俱本館支給）。兩處俱接季向值年人支取，不得過支。如不守規矩，值年人即攆出另招。

一、議長班亦不得容留閒［閑］雜人等居住。

以上各條均係闔邑公議，各宜遵守，以埀［垂］永久。如有不遵者，許值年人先向聲明條約。倘一味固執，值年人即知會公同集館照議舉行。凡我同人各宜自愛，毋貽口實。

計開鬮定值年：

一、吴天澤；二、吴昌齡；三、朱德懋；四、胡承琪；五、潘錫恩；六、朱琦。

新任京秩：吴承棨

差竣回京：吴芳培

---

①酌古準今：擇取古代之事，用來比照今天的情況。

②劃一：一致，統一。

③差竣：出差任務完成。差，出差，到外地辦公事。竣，竣工，表示任務完成。

④過費：過多地花費。

⑤歲修：指每年有計畫地對各種建築工程進行的維修和養護工作。

⑥生放：放債。

⑦成數：整數，如五百、一千。

⑧浮冒：虛報冒充。

⑨文昌：又稱文曲星、文昌星，是讀書人的主宰神。民衆把文昌帝君當作主管讀書和考試前途的神明。祈求保佑學業進步或金榜題名及功成名就。文昌帝君的誕辰日是農曆二月初三。

⑩娼優：從事歌舞的藝人，後多指妓女。

⑪星相：占星術，是星相學家觀測日月星辰的位置及其各種變化後，作出解釋，來預測人世間的各種事物的一種方術。

⑫訐訟（jié sòng）：控告訴訟。

⑬聽：任憑，隨。

⑭工食：工錢，工資。

⑮上元：又稱上元節、元宵節、燈節。中國的傳統節日，每年農曆的正月十五日便是此節。

⑯楮帛：舊俗祭祀時焚化的紙錢。楮（chǔ）：落葉喬木，樹皮是製造桑皮紙和宣紙的原料，紙的代稱。

涇縣新館記

吾涇自前明時,鄉先輩之在京師者即惓惓于邑館不置。蓋在嘉隆間已有新舊兩館,一在內城,一在外城。建置條約既勤且備,甚盛心[1]也。

清初內城之館失業所。存者長巷胡同一區,當日所稱新館者也。百餘年來,雖迭經繕葺,而邑中人文鼎盛,每間歲[2]應京兆及禮部試者肩接而踵集[3],館屋至不能容,則往往寓于他所。于是同人慨然有更置之意。嘉慶辛未會試後,公車諸君歸而遍諗[4]邑中,邑中諸族姓莫不慷慨樂輸。得白金以兩計者萬有奇[5]。遂郵書京師,購得南横街屋三所六十餘間爲館屋;又于館東及兵馬司後街各買屋一所,取其歲賃所入爲公事費。于是稱今之所置爲新館,而曩[6]所有者爲舊館。吾涇遂復有新舊兩館矣。丁丑之夏,乃以餘資因[7]舊館而整修之,庭階棟宇煥然改觀。新館則增建神屋而高大其門垣,其中堂房庖湢[8]悉具;旁有小園稍稍栽花種樹,足以爲文酒燕聚[9]之地。夫然後邑人之戾止者[10]稅駕如歸,隨其所居。而無向者[11]不能容之慮[12]焉。嘗考今之會館,蓋猶古者郡國朝宿之舍,漢郡國邸屬大鴻臚[13],唐貞觀間建諸州邸于京城,皆官爲掌之。今之會館則皆各州縣人之自爲營置[14]。夫惟其自爲營置,則其興若廢必視其人文之盛衰與其鄉人士之好義與否。方今海宇承平,都門首善之地,萬國輻凑,會館之增設日繁。而如吾涇以一邑之力捐費至萬餘金,館舍至數所百有餘間可不謂盛歟。夫物無所謂新舊也,昔之新者,自今視之則舊矣,後之視今猶今之視昔耳。毋忘昔款,毋隳[15]成規,使舊者如新,而新者不復舊,則存乎其人耳矣。書記人惟求舊。莊子曰:“去國數日,見其所知而喜;去國旬月,見所嘗見于國中而喜;及期年也,見似人者而喜矣。”[16]然則會館者,聚一鄉之人于千里之人,飲食居處言語相近,有無緩急相通,其在外也不啻[17]

其在家焉。京師冠蓋相望,交遊多天下豪傑,而所以講信修睦敦行誼[18]而厚風俗者,其必由是始矣。舊館鄉先輩已有記,同人以館之成也,屬[19]承琪記之。故略識其緣起,幸吾邑人文之盛,冀來者之久而弗諠[20]也。其建置條約則别載于館録云。嘉慶二十四年歲在己卯十月朔日邑人胡承琪譔,馬肇勳書。

---

①盛心:深厚美好的情意。

②間歲:隔一年,下一年。

③肩接而踵集:形容人很多。踵:脚跟。

④諗(shěn):規諫,勸告。

⑤奇:零數。贏餘。

⑥曩:以往,從前,過去的。

⑦因:順著,沿襲。

⑧庖湢:廚房和浴室。庖即庖廚;湢(bì):浴室。

⑨燕聚:相聚宴飲。燕,古同"宴",宴飲。

⑩戾止者:到來的人。

⑪向者:從前。

⑫慮:擔憂。

⑬大鴻臚:古代官職位。中國古代朝廷掌管諸侯及少數民族事務。秦及漢初本名典客,西漢沿設,爲九卿之一。漢武帝太初元年(前104),改名大鴻臚。屬官有行人、譯官及郡邸長丞等。

⑭營置:建造購置。

⑮隳(huī):毁壞。

⑯此引文見《莊子・雜篇・徐無鬼》。

⑰啻(chì):不异于。

⑱行誼:品行,道義。

⑲屬:同"囑",囑咐,托付。

⑳諠:同"諼",欺詐。

續議規條

一、復樂輪兩館興修并資義舉。向因數目較多且歲修敷用[1]暫行停止，今踴躍助公者正復不少，兼得館録廣布，後來查考有資，尤久遠之計，我同人祈共勉之。

一、改增出租屋價。新館東屋因租者嫌少，添撥出兩間，租金每月紋銀拾貳兩，本邑人玖兩。將西院屋收回不租。兵馬司後街重經拆蓋，費用多金，增價每月二十八兩，本邑人貳拾貳兩。

一、聯鄉誼。每年正月增團拜一次。鄉試改于八月，會試改于三月。并藉議公事至京外官簡放[2]、銓選道府以及放學差[3]，闔邑公餞其。試差[4]及分發道府與州縣等官不在此例。外官道府以上來京陛見[5]、引見[6]者亦公請一次。

---

①敷用：足夠用度。

②簡放：選擇放出。清代謂經銓敘派任道府以上外官。

③學差：即學政。古代學官名。管教育科舉，簡稱學臺，與巡撫、巡按屬同級别正三品。

④試差：朝廷特派的鄉試試官。

⑤陛見：謂臣下謁見皇帝。

⑥引見：清制京官五品以下，外官四品以下官員第一次見皇帝都要有上官帶見。

雜誌

吾邑會館門廊于乾隆丙寅年重修，閱今三十年矣。地勢低窪、梁棟級磚朽壞傾圮，岌岌不可待[1]。數年來積有公項二百七十兩。邑人在京者公議胠匣起營門樓，二門迄從屋八間半，基培三尺許，門樓規橅較前完整，其用不敷，復各輸銀共三十九兩，乃藏厥事爰，鐫輸銀人姓名于後。

前雍正癸丑邑先輩起館門樓，定丑未加艮坤吉向，乾隆丙辰、丁巳兩科試果驗。時門樓雖起而開門未高，與正廳稱。歲乙未因廊屋頽壞，培基增修，改而高大之，連年館中多故見者，皆以爲廳小門高有壓逼之嫌。同郡旌德劉君蔭曾善陽宅,壬寅夏邀同看視。未門向利前四十年後恐不順,宜平塞[2]改向乾門爲吉。秋七月,同鄉集議會,劉君南旋[3],復請皖江張先生相度,與劉君言若符契[4]。遂定議擇期改向二條胡同開門,通路厨屋二間易作門房,舊門樓則平塞焉。八月念二日巳時興工,告竣于九月既望[5]。約用費壹佰餘兩,公項不足,在京者各量力捐貲,以藏厥事。公事公辦,敝則改爲,亦猶前人意也。爰志其巔末[6]并載輪銀姓氏。

①平塞:猶言填平。

②旋:歸。

③符契:符合。

④既望:農曆十六日,表示滿月後一天。既,表示達到的狀態;望,農曆十五日。

⑤巔末:從開始到末尾,謂事情的全過程。

樂輸補載姓氏

嘉慶丁丑公議因館内歲修之資有餘,足充公用,將樂輸一項暫停。然好義之士往往踴躍續捐,本年是以重議樂輸之舉。惟乾隆六十年前舊録已詳者不重載,以省繁複。自嘉慶二年至二十一年仍行補刊姓氏。本年以後,凡照例捐輸者題名印送館録,既可永遠流布,亦俾互相勸勉,以襄[1]盛舉云。

①襄:幫助,相助完成。

新館改修緣由

新館廳前兩厢向嫌天井窄挾[狹][1],議拆未果。今從堪輿家[2]言,將厢屋拆去,改砌三面圍牆,中間油漆屏門四扇以迎旺氣。又以所拆材料未便閒[閑]置,因移建館東屋上房後,恰爲合用。嗣後館東一宅,無論本邑、外邑人住,每月俱加租銀壹兩。

①挾:疑爲"狹"誤。

②堪輿家:古時爲占候卜筮者之一種。後專稱以相地看風水爲職業者,俗稱"風水先生"。

新館改牆建壁執炤[①]二件

欽命管理街道衙門爲給發執照事。據北城涇縣會館長班龔德升報:南横街中間路北店面二間,今拆去店面縮進改砌磚牆作爲住房一案。本衙門批:驗明,准如呈。拆改毋得侵越,在案。仰即[②]遵批辦理。該處兵役人等毋得攔阻,該户民亦毋得藉端越修,致干究處[③]。須至執炤者。

道光五年十月十三日右[上]給户人龔德升准此。

欽命督理街道衙門爲給發執照事。據北城涇縣會館長班龔德升報:南横街張相公廟南口路西大門對過西矮牆,靠牆加砌照壁[④]壹道一案。本衙門批:驗明,准緊靠牆簷[⑤]砌照壁壹道,毋得過厚過寬致礙街道,在案。仰即遵批辦理。該處兵役人等毋得攔阻,該户民亦毋得藉端越修,致干究處。須至執炤者。

道光六年正月二十九日右[上]給户人龔德升准此。

①執炤:一般指官府所發的文字憑證。炤,同"照"。

②仰即:舊時下行公文用語,表命令。

③究處:追究,處分。

④照壁:中國傳統建築特有的部分。設立在建築院落大門的裏面或者外面的一組牆壁,它面對大門,起到屏障的作用。

⑤簷:"檐"的异体字。

⑥右給：古人書寫習慣爲從右至左，"右給"相當於現在的"上文"。

勸捐啟事

邑館舊例，自銓補[①]、計偕[②]以及入國學者，俱各有所捐助。詳載碑記扁額[③]，可考而知也。第銓補、計偕者，皆身親其地，已經目覩[④]，是以其例尚沿而不廢；而國學大半假手于人，非不樂輸，往往以目所未見，一經轉移，其事遂寢[⑤]。今按舊簿中，自乾隆四年以前所輸者俱已刊刻成書，因復備録己巳年碑記所載以及近年捐助者輯爲一册。郵與吾鄉好義諸君子相觀，而興樂助之思，於以振興邑館或庶幾[⑥]焉。邑人趙良霖謹書。

①銓補：選補官職。

②計偕：指舉人赴京會試。語出《史記·儒林列傳序》："郡國縣道邑有好文學、敬長上、肅政教、順鄉里、出入不悖所聞者，令相長丞上屬所二千石，二千石謹察可者，當與計偕，詣太常，得受業如弟子。"司馬貞索隱："計，計吏也。偕，俱也。謂令與計吏俱詣太常也。"

③扁額：匾額。掛在廳堂、軒齋或亭榭上的題字橫額。扁，同"匾"。

④覩："睹"的异体字。

⑤寢：停止，平息。

⑥庶幾：或許可以，表示希望或推測。

道光十二年續增館規

一、新舊兩館向例不准携帶家眷常住。近緣日久因循，值年者瞻徇[①]情面不肯任怨，以致漸遠前議，碍難[②]畫一，實屬不成事體[③]。今議重整館規，除內任、外任例應摠眷在館暫住一月即行搬移，其餘并不准挈[④]眷暫住。亦不准借用館內娶妻納妾，致滋物議[⑤]。違者，值年人先向婉辭，次即通衆理論。如再持頑不遵，值年即通知合邑人等公同呈請押遷[6]。儻值年徇情推諉,即衆共擊,斷不姑容[7]。

一、兩館内每年二月間糊裱窗户、修理爐灶一次。此外如有修補,俱係住屋人自行認費,不得動用公項,以免紛擾而昭畫一[8]。

一、兩館各屋傢伙歷年添置,本屬充足。近因任意搬移,以致多寡不均,殊未平允[9]。今議查明覈定[10],酌量添補。除大廳傢伙概不准搬移外,其各房應用傢伙俱刻字登簿,均匀陳設,不得稍有搬移,并于每房屋置匙封鎖。有新到館者,長班回明值年,將房内傢伙照簿點交住房人收管。出館時,住屋人著長班通知值年,照數點明交還,將房封鎖。如有短損,著[着]落住房者賠補;如未賠補,即于每年館録後刊名以便稽查。(如住屋人于出館時不通知值年將傢伙點交,日後遺失,即于館録後,刊刻住屋某人遺失傢伙若干件)

一、同邑内有在京病故,委係貧乏無力者,公帮棺殮之費九八大錢拾千文。

一、兩館内曩例[11]不准蓄違禁器物及押優賭博等事。诚恐日久懈弛,理合再行申明。館内更不許吸食鴉片,住館者各宜自重自愛,違者斷難姑狥。

道光十二年歲在壬辰嘉平月[12]十一日仝[13]館公議。

---

①瞻徇:徇顧私情。亦作"瞻狗"。

②礙難:難,難于。

③事體:事情的體統。

④挈:帶,領。

⑤物議:衆人的議論,多指非議。

⑥押遷:監督遷移。

⑦姑容:姑息,寬容。

⑧畫一:一致,一律。

⑨平允:公平允當。

⑩覈定:核查確定。覈(hé),檢驗,查核。

⑪曩例:向例,慣例。曩(nǎng),以往,從前,過去的。

⑫嘉平月:農曆十二月的别稱。

⑬仝:同“同”。

新立議字

立議字等。今因我邑會館公項充足,每年所收各款除正用外,約計餘銀若干。將來日積日多,或管理稍有未周,易滋浪費,轉于正事無濟,特倣[①]京城各館義舉之例,酌議數條開列于後。

一、京秩爲闔邑領袖,清俸無多,當差非易,理宜津貼以養廉操。今議無論品級崇卑,每位于公項中每年津貼旅費銀拾貳兩,按三節[②]分送。

一、鄉會試爲掄才大典[③],科第日盛,闔邑門面攸關,理宜津貼以資鼓勵。今議于公項中酌送考費,鄉試每位送銀貳兩,會試肆兩,殿試捌兩,優、拔、貢、朝考[④]照會試之數。以上津貼爲數無多,聊示肇端[⑤]之意。日後公項益加充裕,再議加增。或并可由此推廣,倘日後或原京官及考試人衆,或添置産業,或房屋有時空租,或别有非常正用,致公項不敷,津貼公同酌減。如津貼之費有不願收受者,即作爲捐輸刊入館録。

一、兩館房屋係公項修理,其裱糊遲早新舊不能畫一,碍難辦理。今議嗣後裱糊房間仍遵舊議,歸住房人自辦。其糊窗修灶之費,凡鄉會試并候補、候選及别項正務來京者,俱于初到住館時每位分送大錢一千文備用,以後各人自辦。每位只計本人,其伴送親屬、夥計不算。

一、遇會試人衆多,先到者將館屋住滿,其遲到在外賃屋居住者,每位酌貼房租大錢貳千文。如館屋并未住滿,本人自願外住者不在此議。

一、值年京官總理公項出入，所有監視歲修工程、稽查家俱及一切雜務，勢難一一親臨。今議除值年人隨時自行經理外，仍于同鄉中托一賢能可靠之人帮辦諸務。每月公送修銀[⑥]壹兩。如值年人及所托人有管理未協之處，任同鄉公向理商更正。倘遇有大興工程之處，值年人通知合邑公同商辦，其任勞之人亦臨時公酌酬謝。

此議既行，每年度支亦復不少。查館内囊乏積資，賴合邑踴躍捐輸，復經營籌畫，數十年來，除置產興工外，尚得積有余資，甚非易易。繼自今一切收支，值年京官仍各照舊極力經理。其各項喜助，凡我同邑亦各照議踴躍捐輸，同心協力，以倍公項。庶義舉可久可大，不惟闔邑欣感，即兩館帝君神靈其默相之。

道光拾陸年三月　日立

---

①倣："仿"的异体字。

②三節：指端午節、中秋節和春節。

③掄才大典：我國古代科舉選拔制度。掄才，選拔人才。

④朝考：清代科舉制度。凡新科進士引見前，由皇帝再考試一次，稱朝考。

⑤肇端：發端，開端。

⑥修銀：酬金。

樂輸款目

（設立粉牌新舊館各一，捐輸議定京平足紋）

一京官：

中堂[①]伍拾兩，（協辦大學士[②]）叁拾貳兩，尚書[③]貳拾兩，（左都）御史[④]拾陸兩，侍郎[⑤]拾貳兩（兼錢法堂加拾兩），閣學[⑥]捌兩，三品京堂以下（初升四兩，每升一階貳兩），正詹[⑦]以下坊缺（初開坊四兩，每升一階貳兩，轉左讀不輸），編檢[⑧]貳兩，庶吉士[⑨]肆兩，給事中[10]御史[11]俱貳兩，中書[12]貳兩，主事[13]叁兩（每升一階貳兩，散館改部者不轉），七品小京官肆兩。其餘五品者叁兩，六品者貳兩伍錢，七品者貳兩，八九品未入流壹兩。

一外任：

總督[14]伍拾兩，巡撫[15]叁拾貳兩，（漕運[16]、倉場）總督[17]拾陸兩，藩司[18]運司[19]叁拾兩，臬司[20]拾貳兩，各道拾陸兩，知府[21]運同[22]拾貳兩，直隸州[23]拾兩（提舉[24]、監掣[25]、運判[26]同），知州[27]知縣[28]捌兩，同知[29]肆兩，通判州同叁兩，教職佐雜[30]貳兩。其餘五品者肆兩，六品叁兩，七品者貳兩，八品者壹兩伍錢，九品未入流壹兩（自道府以下分發候補者減半，俟得缺後補足減半之數）。

一武官：

一品拾陸兩，二品拾兩，三品捌兩，四品陸兩，五品肆兩，六品貳兩，七品壹兩（自四品以下候補減半，得缺後補足減半之數）。

一各差：

總裁[31]拾陸兩，學差[32]拾貳兩，試差[33]陸兩，會房肆兩，鄉房貳兩，提督窑廠捌兩，寶泉局監督[34]捌兩，寶源局監督[35]肆兩，京倉監督[36]貳兩，通倉監督[37]肆兩，（江南）濟寧漕差肆兩，通州天津漕差貳兩，坐糧廳[38]及各鈔關[39]拾貳兩。

一（文武）貢舉：

狀元伍拾兩（武拾兩），榜、探拾陸兩（武肆兩），進士肆兩（武貳兩，元加倍），舉人貳兩（武壹兩，元加倍），拔貢[40]壹兩陸錢，副優捌錢，恩歲廪附貢恩廪附監生、例貢監生[41]伍錢。

一（文武）封典[42]：

一品拾兩（武捌兩），二品捌兩（武六兩），三品柒兩（武伍兩），四品陸兩（武肆兩），五品伍兩（武叁兩），六品肆兩（武貳兩），七品叁兩（武壹兩），八品貳兩，九品未入流壹兩，其職銜封典減半。

一（文武）職銜：

三品伍兩（武肆兩），四品肆兩（武叁兩），五品叁兩（武貳兩），六七品貳兩(武壹兩),八九品壹兩伍錢。(從九未入)壹兩。

以上樂輸銀數視向例加詳遞減,惟期易于遵行。自本年定議以後,均尚踴躍。其有向來未出情願補捐者更屬美舉,并照新定數目隨時題名印送館録。凡我同人各宜自勉,毋貽口實爲幸。

---

①中堂:明清内閣大學士的尊稱。中堂之説起于北宋,一説起于唐。唐、宋置政事堂于中書省内,爲宰相處理政務之處,因宰相在中書省内辦公而得名,後稱宰相亦爲中堂。

②協辦大學士:清朝官制之一,爲從一品。

③尚書:官職,吏部、户部、禮部、兵部、刑部、工部六各長官爲尚書。明代時爲正二品,清代爲從一品。

④左都御史:官職,明代設左、右都御史各一人,爲都察院長官,正二品。負責監察、糾劾事務,兼管審理重大案件和考核官吏。清代改以左都御史、左副都御史爲都察院主官。左都御史滿、漢各一人。開始時滿員級别設爲一品,漢員級别爲二品,順治十六年,將滿漢兩員均設爲二品。康熙六年升滿員爲一品,到康熙九年又改爲二品。雍正八年始將滿漢御史俱升從一品。

⑤侍郎:初爲宫廷近侍。東漢以後成爲尚書的屬官。隋唐以後,中書、門下及尚書省所屬各部皆以侍郎爲長官之副。至清雍正時,遞升至正二品,與尚書同爲各部的堂官。

⑥閣學:明清時對内閣大學士的稱呼。

⑦正詹:官職名,屬詹事府。詹事府是我國清朝中央機構之一,爲模仿明朝舊有機構并加以擴充,主要從事皇子或皇帝的内務服務,其中,置詹事、少詹事等官職。

⑧編檢:明清史館中編修、檢討官的統稱,屬翰林院。

⑨庶吉士:官職名。亦稱庶常,是明、清兩朝時翰林院内的短期職位。由科舉進士中選擇有潜質者擔任,目的是讓他們可以先在翰林院内學習,之後再授各種官職,有如今天的見習生或研究生。

⑩給事中:官職名,秦始置。爲加官,位次中常侍,無定員。所加之官或爲大夫、博士或議郎,御史大夫、三公、將軍、九卿等亦有加者。加此號爲給事宫禁中,常侍皇帝左右,備顧問應對,每日上朝謁見,品卑而權重。明代時初定爲正五品,後數改更其品秩。清沿明制,職權較明爲輕。

⑪御史：官名。先秦時期，天子、諸侯、大夫、邑宰皆置，是負責記録的史官、秘書官。自秦朝開始，御史專門爲監察性質的官職，一直延續到清朝。

⑫中書：文官官職名，清代沿明制，于內閣置中書若干人。通常爲輔佐主官，爲基層官員編制之一。清朝時約爲從七品。

⑬主事：官職名，底層辦事官吏。按清朝例，各部院主事是正六品銜，相當于京縣知縣，各省通判。理藩院主事亦爲正六品。

⑭總督：我國明清地方軍政大員，統轄一省或數省行政、經濟及軍事。

⑮巡撫：官職名。中國明清時地方軍政大員之一。又稱撫臺，巡視各地的軍政、民政大臣。清代巡撫主管一省軍政、民政，以“巡行天下，撫軍安民”而名。

⑯漕運總督：官名。明景泰二年始設，總管漕運，督促南方各省經運河輸送糧食至京師。清沿置，所屬有巡視漕務、督糧道、管糧同知、通判、押運通判等官。光緒三十一年（1905），因河道廢棄而裁撤。

⑰倉場總督：全稱總督倉場户部侍郎。明、清兩朝專設，由户部官員管理全國糧倉的職位。

⑱藩司：官職名。明清時布政使的別稱，主管一省民政與財務的官員。

⑲運司：官職名。明清時鹽運使別稱。

⑳臬司：明清提刑按察使司的別稱。主管一省司法。

㉑知府：官名。宋代至清代地方行政區域“府”的最高長官。唐以建都之地爲府，以府尹爲行政長官。宋升大郡爲府，以朝臣充各府長官，稱以某官知（主管）某府事，簡稱知府。明以知府爲正式官名，管轄所屬州縣。清沿明制不改。

㉒運同：我國古代鹽政官名，位僅次于運使，輔助鹽運使或鹽法道管理鹽務。

㉓直隸州：明、清地方基層政權，直隸于省，與府平行，有屬縣。長官稱知州。知州之下，有州同和州判。

㉔提舉：官職名，簡稱倉司。提舉是指管理的意思。提舉最早始于漢朝耿壽昌設常平倉，用來管理倉庫。至清朝，此官職配置于地方之課税部門，品第爲從五品。

㉕監學：清在中等以上學堂設立的學官，也稱學監，主管學生的學習、生活起居和日常行爲。

㉖運判：官職名。宋代始于轉運使、發運使下設判官，職位略低于副使。清

代,此官職配置于朝廷之地方部門,品第爲從六品。

㉗知州:官職名。宋以朝臣充任各州長官,稱"權知某軍州事",簡稱知州。明、清以知州爲正式官名,爲各州行政長官。直隸州知州地位與知府平行,散州知州地位相當于知縣。

㉘知縣:官職名。秦漢以來縣令爲一縣的主官。唐稱佐官代理縣令爲知縣事。宋常派遣朝官爲縣的長官,管理一縣行政,稱"知縣事",簡稱知縣。如駐地有戍兵,并兼兵馬都監或監押,兼管軍事。元代縣的主官改稱縣尹,明、清以知縣爲一縣的正式長官,正七品。

㉙同知:官職名。明清時爲知府、知州的佐官。清代州的同知,則稱州同。同知與通判爲地方政權中廳一級的長官。

㉚佐雜:清代州縣官署內助理官吏佐貳、首領、雜職三者的統稱。

㉛總裁:官職名。意爲匯總裁决其事。元時爲修史的主管官,明清時爲中央編纂官員,或主持會試的官員。

㉜學差:官職名,即學政。

㉝試差:古代朝廷特派的鄉試試官。

㉞寶泉局監督:官名。寶泉局爲滿清錢幣鑄造局名,明清户部所屬鑄造錢幣的工廠。

㉟寶源局監督:官名。寶源局爲滿清錢幣鑄造局名,明清工部所屬鑄造錢幣的工廠。

㊱京倉監督:官名,倉場衙門屬官。清代倉場衙門所屬禄米、南新、舊太、富新、興平、海運、北新、太平、儲濟、本裕、豐益等十一倉,各設監督官滿、漢各一人,由户部于各部院保送記名人員內按次序補用,職掌各倉糧儲之出納及日常管理事宜。

㊲通倉監督:官名,亦稱"中西二倉監督"。户部倉場衙門屬官,清代通倉原有中倉、西倉及南倉三倉,後南倉被裁撤,遂成中、西二倉,各置監督滿、漢各一人,由京倉十一倉監督內調補,掌管通倉儲糧之出納及日常管理。

㊳坐糧廳:清官署名。屬户部,掌驗收漕糧,由通州至北京水陸轉運、北運河河工及通濟庫出納等事,滿、漢各一人,由十一倉監督內補用,二年一期。

㊴鈔關:明清兩朝中央設在地方的税務機構。

㊵拔貢:科舉制度中選拔貢入國子監的生員的一種。清制,初定六年一次,乾隆七年改爲每十二年(即逢酉歲)一次,由各省學政選拔文行兼優的生員

（順天六人，直省府學二人，州、縣學各一人），貢入京師，稱爲拔貢生，簡稱拔貢，是清代科舉制度中五類貢生之一，其餘四類爲恩貢、副貢、歲貢和優貢。另有捐納取得的貢生，稱爲例貢。恩貢：國家慶典或登極，按照歲貢名額加一次貢士之舉。以當年正貢爲恩貢，次貢作歲貢。歲貢：各省廪生內按年資，府學歲一人，州學三歲二人，縣學二歲一人，一正二陪。優貢：三年一選，由學政會同督撫考試，大省五、六名，中省三、四名，小省一、二名，寧缺無濫。廪生、增生准作優貢，附生准作優監。選中得優貢後，必須進京朝考一次，纔可算作正式貢生。副貢：各省鄉試可以有副榜，五名舉人加一名副榜，可作爲貢生。

㊶監生：在國子監肄業者統稱監生。初由學政考取，或由皇帝特許，後亦可由捐納取得其名。

㊷封典：封建帝王以爵位名號賜予臣下及其家屬的榮典。始于晉代，至唐完備，其制各代略有不同。清制，以封典給官員本身稱爲“授”，給曾祖父母、祖父母、父母和妻室，存者稱爲“封”，死者稱爲“贈”。

同治三年催繳喜助借項啟

謹啟者，我邑都中會館，自前明至于今日，賴前輩諸巨公維持創建既設。有兩館房屋多間，以貽遠來栖息之安。又置有另宅四所收租，以爲逐年修理之費。由此賓至如歸，人文鼎煥，甚盛舉也。奈近年來錢法遞變，民用多艱。其另宅租價既已屢減，核計銀數不及從前十分之二三，而所收租金又以兩館及四宅歲歲修理經費不敷，以致館屋漸形倒塌，不如從前之整齊。現在雖尚有大半可居，若非隨時均墁，則不數年將并其可居者而壞之矣。凡事不及其初壞急謀補救，迨至于甚壞則所費愈多。費多而力難，遂不能修；且無人肯居，以致失業。久遠之後，勢所必至。雖現今故鄉殘破，似無暇更議京邸。然此京邸者，亦吾邑數百年來各大姓諸先輩費盡膏血、費盡心力而成之者也。前人之功可惜，後人之責難辭。且京師之有會館，實仕官科名所由出，而仕官科名之盛，實闔邑氣運所由關及。其初壞急謀補救，則京邸之氣象興，而故鄉百事氣機亦可復振，所謂振裘挈領[①]其勢然也。今我同人或久任京秩，或適由外來，聚首邑邸，共話故鄉，目擊難安，坐視心愧。因思館費既已不足，鄉捐亦屬非時，惟查歷年同邑出仕諸君，循照喜助舊規，有已書未付，有應助未書，及己酉、癸丑兩年，經手出借并諸位自借各項合計不下四百餘金。諒因日久途遠，或小事忘懷，或乏便未寄，今特查出細帳另開一單，并公繕啟言郵寄。伏望諸公見啟之日，即速覔[②]便將助項、借項迅賜慨寄。在各位名下爲數無多，原易爲力；而在闔邑館中聚腋成裘，爲益甚大，且需用孔[③]亟。諒諸公于京邸舊章前輩苦心及現在經手爲難，成功可惜，諸形情靡不洞悉，無俟多言亦具有同情，無煩再告也。公議寄啟之後，劃期數月，企候台覆。如久不奉命，惟有依照捐輸不出舊章，列名刊入館録，以卸經手之責，以垂久遠之規。爲此謹啟。

計開

涇縣會館喜助已書未付姓名銀數：

吴昌瑞（山西補用縣丞）貳兩　胡　傑（廣西州同）壹兩
吴榮輝（府照磨[④]）壹兩　吴懋昭（直隸補用縣丞）肆兩
沈　源（陝西補用府經歷[⑤]）貳兩　胡國才（從九品）壹兩
潘方來（候補知縣）柒兩　陳耀堃（通判）叁兩
吴　耀（江蘇府經歷）叁兩　趙希廉（直隸州同）貳兩
吴崇霖（南河主簿）壹兩　吴崇幹（候選從九）壹兩
章樹楨（河南府經歷）貳兩　朱際華（候選縣丞）叁兩
吴寶杭（候選知縣）貳兩　汪錫齡（甘肅知縣）肆兩
翟洪光（四川油江縣知縣）拾兩　吴　立　貳兩
朱慰曾（湖北知府）拾陸兩　朱步雲（揀選[⑥]江西知縣）陸兩
吴焯（湖北督糧道）貳拾肆兩　吴欽曾（揀選江西知縣）拾兩
吴宗潮（山西隰州知州）拾陸兩

此外尚有應助未書者，務祈查照館規喜助銀數，速賜補寄爲荷。

經手出借未還姓名銀數：

查子穆經手，借姚良菴[庵]京銀玖拾貳兩、鄭和甫京銀伍拾兩。

自借未還姓名銀數：

胡協臣　五[伍]拾兩　　胡佐祥(即協臣)貳拾兩

趙蓮塘　叁拾兩　　吴俊臣　叁拾兩

吴石泉　貳拾兩　　胡調臣　拾兩

王蘭台　拾兩

同人吴淞、吴茂、潘駿猷、吴善寶、吴之鋭、朱榮實、朱夢元、吴欽會、吴夢會、吴墉、吴宗翰、潘駿德、吴紹烈、洪調緯、曹應昌、洪紹猷、吴崇階

①振裘挈領：振，整理；裘，皮衣。要整理皮衣，必須拿着衣領。比喻做事要抓住關鍵。

②覔："覓"的异体字。

③孔：指錢，因舊時的銅錢有方形的孔。

④府照磨：清官名，從九品。

⑤府經歷：知府的屬官，主管出納文書事。又稱府經廳。

⑥揀選：清代官制用語。凡舉人三科不中者，准予銓補知縣，一科不中者可就教職，以州學正、縣教諭録用，稱爲揀選。

同治十年捐修會館公啟

謹啟者，我涇都中新舊兩館自癸丑以後，因時勢艱難，日久未修，諸多損壞。今年春公車麕至[1]，約集在京諸同鄉勉力捐修。所有捐輸及重議規條、收支帳目均已刊入館録。惟兩館現雖完整，而館外市房曩來[2]取其租金，以爲逐年修理之費。兹查市房尚多朽壞，若不及時修葺，誠恐將來傾圮，房租烏有，即館屋歲修之資亦無從出。現在館中别無存項，新舊兩年租金又已凑補此次修理之用，

凡我同人欲求一體修整,不得不廣籌捐款及早興辦,伏祈各省仕商并在籍各姓諸公量力慨捐,俾得集腋成裘,保全公業以垂[垂]久遠,不勝企禱之至。再諸公捐款祈寄至京師涇縣會館,交掌館潘謨卿、吴芸臺查收。

---

①麕至:指紛紛到來。麕,成群。

②曩來:過去。曩,以往,從前,過去的。

同治辛未年重議館規

我涇新舊兩館歷有規約,載在館録。自咸豐癸丑以後,家鄉離亂,京秩漸少,諸弊叢生。又兼庚申之歲[1],都民倉猝移徙,以致諸務廢弛,從前規制幾于無存。今年公車雲集,與在京諸同鄉議整舊規,僉[2]謂兩館房屋并義園墳塚均已損壞不堪,急須修理,遂勉力籌捐。因值年潘謨卿事冗,商請吴芸台監督興修。兹將館屋、義園修整完固,復集衆會議申明前約,務期盡杜近年之弊,永遵前人之規,所有續議規條開列于後。

一、館規之壞總由占住家眷而起,所以歷來規條諄諄致戒。今年各家搬讓,均願永遵舊章,不復占住。倘後有反覆抗違,仍欲搬入者,由掌館邀集同鄉認真阻止。會館爲闔邑公所,又有前輩定章可守,豈有不能阻止之理?自議以後,掌館人不得再徇情面致壞成規。

一、兩館本屋以外,如新館東邊潘家河沿兵馬司後街及各處房屋向例出租,取其歲賃所入爲每年修葺兩館義園及一切正用。近來人心不古,每多拖欠房租。嗣後無論外省暨本邑人,願租者概須店鋪對保憑摺取租。

一、向章[3]尊京秩一位爲主會,擇才德俱優者爲司會,一應事體俱司會者任其勞。嘉慶後,由京官鬮分先後值年,挨班爲正管,其副管係随時推擇。兹議自辛未年暫遵嘉慶前舊章，由闔邑公舉正派能任勞怨之人爲正副掌館，照舊每年致送節敬。現請潘謨卿爲正管，吴芸台爲副管，三年之内一切館務、收支各款均由兩掌館認真商籌，以冀日有起色。三年後，或推請接管，或鬮分挨管，俱俟下屆鄉會試時同鄉齊集會商定奪。

一、兩館義園并各處房屋務宜年年認真修理。能用小費即可省巨費，若使敗壞之後動用大工，更屬維艱。修理之時，若正管少暇，即由副管常川[4]監督，務令料實工堅，切勿包工敷衍了事。再督工每天酌送車資錢壹串。

一、向章每年刊帳。查咸豐戊午以後屢年帳目尚未刊刻，無從查考。現在屋租雖未復舊，約計每年所得已有漕平銀貳百餘兩，再加照例捐助所入，歲修之外所有神會祭掃、正副掌館節敬、鄉會試卷費及一切正用，漸可照章舉行。其收支各帳，除每年二月初三邀集同鄉結算一次，并于鄉會試時面衆統爲核算外，仍照舊章詳細刊入館録。凡遇正務來京及捐助銀兩者，各送一部，以廣流布而免疑議。

一、梓蔭堂義園捐項。自同治四年起，僅存九八色漕平銀肆百兩。公托崇文門外東頭條胡同六吉紙棧領去申放，對期四釐行息[5]，立有銀摺二個存據。查己巳以前，屢年息銀多未歸入義園公用，以致墳塚并看塚人住屋均已頹圮不堪。經此次籌款修理之後，每年息銀拾陸兩，只準留爲修理義園之用，除義園外，無論何項公事不得挪移分文。

一、向章有寄籍外地者，止許本身居住會館，其後裔不歸原籍者不准居住，即情願捐輸亦不准收入一條，係爲异籍落業、不歸原籍者而設。若鄉誼敦篤，願歸原籍者，自應視同一體，畛域不分[6]。

一、同邑諸事必須和衷共濟，于事有裨。嗣後在京同鄉，凡見知單務須齊集會館公議，不得托故不到。

一、會館傢伙各物，在本館之内，仍照舊章釘牌書號，不准搬移，尤不准私借出門。如有缺壞，惟長班是問。

附：現存木器傢伙數目

新館存方桌四十一張，條桌十九張，半桌十二張；椅子三十五個，方橙六十個；茶几七個；木床三十六張；書架四個，箱架二十五個，面盆架一個；大櫃頂櫃壹副（共二個）；兩方大炕床一副，炕几一張，脚橙［凳］三個，（大長）板橙［凳］二條。

舊館存方桌十九張，條桌十一張；椅子二十個，方橙［凳］二十七個；茶几六個，箱架三個，木床十三張。

同治十年三月念九日[7]邑人翟英元、潘江藻、吴同盛、朱昱中、趙錦章、吴淞、舒愷、胡桂芳、翟一桂、朱維垣、沈世榮、胡鴻澤、洪振逵、朱振綱、包銘謙、吴蘊書、洪佩聲、王鼒、吴瀚、翟增榮、吴慎旃、查善良、潘駿猷、吴璧城、潘兆芬、吴煥采、吴崇偉、趙元榜、查之屏、查黻廷、潘兆達、吴崇鑑、朱深、吴笈、李竟成、吴景鴻、胡本立、吴報高、曹崇瑞、洪夢蘭同議。

---

①庚申之歲：即咸豐十年，英法聯軍自海入侵。京洛騷然。庚申，我國農曆以干支紀年。

②僉：衆人、大家的代稱。

③向章：以往的章程，規定。

④常川：經常，連續不斷。

⑤行息：支付利息。

⑥畛域不分：不分界限、範圍。也比喻不分彼此。畛（zhěn），田地間的小路。

⑦念九日：即農曆二十九日。念，同“廿”。

光緒丁丑會館議約

立議字。朱守謨等，緣我邑新舊兩館，自咸豐兵燹[1]後因經費支絀，諸形廢弛。曾于同治辛未年公議，請潘謨卿專管三年。迨[2]

甲戌公車入都，值謨卿公差未歸，交帳遲緩，因聽浮言[3]致興詞訟[4]，并將呈詞刊入館録，以致館事未肯公同經理。守謨謁選入都，目擊情形，殊覺有傷梓誼，于心不安。特請在京衆鄉台秉公排解，永歸和好，以館爲重。兹將甲戌年控案稟銷[毁]外，付刊各件一并銷毁，其印散在外者，函由各處同鄉收銷。至館事仍遵舊章，由京官輪流接管，妥爲經理。庶鄉誼克敦，以期館事日有起色，公同立此存照。

光緒丁丑年四月　日邑人朱守謨、陳和甫、吴小園、吴定孫、翟蘭士、朱芾林、朱仲明、左伯周、朱嘯雲、朱石門、胡桂芳、胡員建、胡世樟、舒誦元、查德培、查文標、查善良、吴士奇、查之屏、章澤鴻、吴叔齊、趙鴻、趙元榜、趙夢奇、吴瞻菁、潘熙、吴觀寶、吴維藩同議。

---

①兵燹：指因戰亂所造成的破壞。燹（xiǎn），火，特指兵火、戰火。

②迨：等到。

③浮言：無根據的話。

④詞訟：詞訴，訴訟。

光緒丁丑年重議館規

吾邑會館規約歷載館録，備極周詳。惟自兵燹後，時事既有不同，人心更多參錯，數年來頻議紛更[1]，轉滋窒碍。兹約在京同鄉公同商榷，查照嘉慶、道光年間定章，參諸時局，議定規條，詳列于後。

一、值年管館仍照向章。先由現在京官鬮定序次，逐年挨管。嗣後每年交帳時公同拈鬮，拈定本年值管一位，并拈定下届值管一位。如本年值有事出京，即交下届值管代管數月，仍接管下值一年。

一、值年交接仍照向章。以一年爲期，嗣後每年二月初三日文昌誕辰，在京同鄉齊集新館，由本值將一年收支細帳結出簡明數目，交下值接收。隨即刊入館録，以備稽查，并拈定下届值管一位。

一、會館係合邑公業，京官管理固屬誼不容辭[②]，而監視工程、稽查傢具及一切雜務勢難一一親臨。道光十六年定章，聽值年京官于同鄉中托一樸勤可靠之人帮辦諸務，每月公送修金壹兩。兹議仍照向章，由值年自擇帮辦一人，修金亦照章致送。若值年所托之人有管理未協之處，任同鄉公向理商更正，不得偏執。

一、會館向有團拜之舉。每年（文、武）帝誕辰齊集慶祝，午後飲福。兹議仍照向章辦理，其團拜仍于每年正月舉行一次。若遇鄉會試年改于八月及三月場後舉行，酒席不得過費（約向年大錢二千五百文之數，推算現行之京票措辦）。至京外官簡放、銓選道府以及學差、試差出京者，合邑公餞。其道府以上外官來京陛見、引見者，亦公請一次，即請助團拜費若干以聯鄉誼。

一、會館出息全在房租。往因房租減價，以致館費支絀，諸形廢弛。近日京城房價日起，我館亦應議增。查新館東屋及兵馬司後街屋向來各有定價，或十餘兩、或廿餘兩不等。今雖不能驟復舊章，亦應漸圖起色，及潘家河沿屋均隨時酌量加增，并須鋪保，憑摺取租，以免拖欠。

一、道光年間因歲入充裕，曾有致送京官節敬及鄉會試元卷等款。至咸豐六年，以經費不敷停止。兹議自本年爲始，除值年京官每節銀肆兩及帮辦修金照章致送外，其餘節敬仍行停送；至元卷一項俟下届鄉會試時，視經費盈絀[③]再定行止。

一、會館向不准住家眷。咸豐兵燹時，因都門情形冷落，曾經通融居住，藉資照料。兹議仍照向章，惟挈眷初到者，准以一月之限暫時落脚，其餘仍不准居住。此外一切住館章程亦均查照嘉慶、道光年間定例而行。

一、兩館各房傢伙除照向章均匀陳設、記號登簿外，仍于各房門懸牌登載，以便住館人來去交收，便于稽考。至館內裱糊房間，向例由住館人自辦。今議每届鄉會試年，先期由值年通行察看，應裱糊者裱糊之，應修補者修補之，并家具各件修整完好，以待來者。總宜一律看視，不得因人有分畛域，至糊窗、修灶之費仍照向章分送。

一、每年出息銀兩，除歲修及公項支用外，如有盈餘至百兩以上，即于交館時公同商議，交妥店存放生息。俟積有成數，公酌置産。如有事須動存項，亦必約同公議，以避嫌疑。

一、館内各事雖歸值年經理。遇有緊要事件及重大工程，增置房産各事，仍通知合邑同鄉會集公商。

一、會館喜助向來有定章。兹議將原定數目録出，裝成一册，以便同人照章題名。近年館内不敷，諸公喜助務期隨寫隨交。如外任諸公應出喜助及已寫未交者，均由值年函致，隨時寄京。至義園捐輸，原係量力，亦擬裝册書捐，以經久遠。

一、義園收支本係另爲一款，向由紙客經理。咸豐兵燹後，商旅不通，始由值年帶管，將來是否仍還舊章，及由紙行生理[4]中酌量抽釐[厘][5]以裕經費，統俟紙客到京會館定議。

光緒三年四月二十三日邑人公立

---

①紛更：變亂更易。

②誼不容辭：猶言義不容辭，道義上不允許推辭。

③盈絀：有餘或不足。

④生理：生意，做買賣。

⑤抽釐：抽取厘金。

重刻涇縣館録序

從來最難經理者莫如公産，旨趣各殊意見即别一也；久暫無常勞怨孰任二也；事變靡定願力難酬三也。然亦最易于經理，事皆因公，但求有益一也；任一日事盡一日心二也；一邑之衆不乏有力好義之人三也。吾涇人文夙盛，以一邑而京師有新舊兩館、義園一區，又有市房、地基、葦地之所入，以輔之鄉先輩之創立爲經久計者至矣。庚申、辛酉南北寇訌，賴官京師者力爲維持，幸無遺廢。嗣後往來官轍鄉誼益敦，仍遵輪流值年之約。續議規條載在辛未，刻録癸巳秋季。值年吴君華峯因事出都；乙未仲春，值年吴君綸軒又乞假赴津門，至三月杪[1]始旋接管；（慶瀾）承乏其間一年有半，而壬癸兩年淫雨爲災，兩館及市房坍塌滲漏幾無完區，守義園者幾露處。歲所常入不足興工，函商同人，除例助外而好義，如鴻度、贊臣、翰香、敔山、品齋、子俊、濟之諸君，家梅、園眉、樵叔、昧秋弟慨然樂輸，共集白金肆百貳拾兩有奇。滲者補之，漏者葺之，坍塌者從而更新之。非諸君之力，曷至此工竣。謹將樂輸姓氏出入款目臚列如左[2]，附以補税契紙，續增規條，舊存物數。願後之人思其艱以圖其易，庶不負鄉先輩創立之苦心歟。

光緒乙未夏邑人潘慶瀾謹識。

---

①杪：指年月或四季的末尾。杪（miǎo）。

②臚列如左：古人書寫習慣爲從右往左，相當于今文中"羅列如下"。

光緒乙未年續增規條

一、歷年交館但點交帳目不點契據，致兵馬司後街市房契有遺失。今既補税印契，嗣後務宜逐一檢交，以防遺失而專責成。

一、六吉號存項係同邑紙客捐存，備義園之用。并非會館存款，嗣後每年除取息歸義園用外，無論館中如何支絀，不得動用此項本銀。

一、館中曩年凡有餘存，陸續均交亨利公號生息，連年動用罄盡。嗣後如有餘存，仍須立摺生息，摺中注明何人經手，交存下值。如有要工動用，必須約同原經手人，并知會在京同邑諸君齊集議明，方准支用。

一、朔望進香值年必須親到。雖因敬神，亦藉視長班勤惰及館中各處有無損壞，隨時修理，免致日久須動大工。

一、館中市房歲入租銀若干、錢若干，除每年例用外，均歸修理。如僅祇歲修不動大工，自有餘存。兹特將例用之款另行開列，庶後來接管者一目了然。

一、兩館傢伙屢經借用遺失，本年逐件開列點交長班收存，如有損壞添置隨時登簿，不准外借。再有短少，責成長班賠補。

涇縣會館管理規則

一、涇縣會館董事一人，副董事一人。每年由同鄉人公推京官中鄉望素孚者經理。對于本館一切事務負完全責任，有執行、保管、稽查之權。

一、涇縣會館在前門長巷下頭條胡同，涇縣新館在南横街中間。市房：南横街路北一所，潘家河沿路東兩所，兵馬司後街路北一所，張相公廟路西兩所，施興胡同路南一所。又義園一處在阡兒胡同永安橋西。除香廠地租歸義園修理費用外，每歲兩館修理雜用費及市房修理費取給市房租入。出入款項由董事經理核銷，每年結算。屆交替時當衆將簿記交由次年董事管理。

一、館役由董事選擇誠實可靠之人充當。房租飭[①]館役按月經收。館中房屋院宇不准污穢，每晨由館役打掃一次，務期潔淨。桌椅床榻等物由館役隨時看守，不准損失及搬運出館。窗户玻璃不准破壞。如係住館人破損，即令補好。館役如不勤慎將事[②]，董事得隨時更換之。

一、館中非同縣人不准居住。凡新來京之同縣人，因覲見、就職、求學、應試、就事者到館，由館役告知董事，得其許可方可遷入。房屋由董事指定，不得任意占住。遇有人多擁擠時，數人共住一屋，後來不得爭競。住館日期不得漫無限制，若在館羈遲時日過多，董事可令其賃屋出館居住。

一、京官之有家眷者向不住館，恐住館人多房屋不敷。惟現在款項缺乏，除得缺人員、學堂畢業酌助館捐外，不得不藉館租籌補。如房屋閒[閑]空，同鄉有家眷願住館者，酌出租金，准其居住，惟不得占房過多。須由正副董事許可，且指定房屋方可遷入。

一、住館人姓名、職業、年歲及遷移、出生死亡等事，令館役照調查户口章程報告官廳。

一、浪遊人、營業不正人、京控人③概不准住館。

一、住館人有妨碍同寓安甯之舉動及其他過之行爲者，董事得勸止或禁止之，并令其出館。

一、攜帶違禁物及槍彈凶器者不准住館。

一、語言動作形迹可疑者不准住館。

一、違犯烟賭等項禁令者不准住館。

一、招引娼妓來館者不准住館。

一、患傳染病者不准住館。

一、勾引匪人及犯罪在逃者不准住館。

一、住館人若犯前七項之一者，經董事審知或經人報告，應隨時報請官廳辦理。

一、管理規則如有應行修改增加之處，每年由董事交替時，通知同鄉公議决定後，報明官廳立案施行。

中華民國七年二月五日文昌會王君志襄提議修改章程，衆贊同。當場議決事件條例如左[下]：

一、議决每年公推正掌館一人，副掌館一人。

一、議决每年公推董事五人，再推得連任。

一、議决每年公推書記二人,再推得連任。

一、議决每年開會時須具有議事簿一本,詳録每次開會提議事項及已决、未决事件。

一、議决關于修改章程之起草,由吴君皞如、吴君錬伯擔任。

一、議决本館每年收入僅敷修理之用,而兵馬司後街市房五十餘間,每月僅收賃金票洋[4](時價合現洋六折零)二十二元,不如售去,另營確定有利益之事業。俟董事會提議開全体同鄉會議决行之。

一、議决自今年起所有房租概收現洋。

一、議决本館章程應行修改之處,詳細拈出,以爲起草之依據。如有未盡事宜,隨時修正公决行之。

修改館章條例附後

一、董事有檢查一切用款帳據之責,有監查工程之權。

一、關于本館應行整頓,動用公款至五十元以上者,須經董事會開館議决。如有特别事件發生,經董事會議决得召集全體同鄉會。

一、每年二月間開會時,正副掌館應將一年中收支帳目及經過狀況,造具清册及報告書,當衆宣布,并油印多份分送各同鄉。

議事畢,公推定各職員姓名列左[下]:

正掌館　陳勵可

副掌館　吴皞如

董　事　王志襄　陳省吾　吴雯青　潘彦初　吴錬伯

書　記　吴錬伯(兼)　吴杭生

---

①飭:命令。

②將事:從事于某項任務或工作。

③京控人:古代進京上訪的人。

④票洋:即鈔票。

重訂北京涇縣會館章程草案

第一條　本館于每年二月文昌會邀集在京同鄉,公推正掌館一人、副掌館一人,董事五,書記二人。

第二條　正副掌館任期以一年爲限。

第三條　董事、書記于一年期滿後,被再推舉者得連任。

第四條　正掌館管理新舊兩館、本縣義塚及其他應行執行各事務。

第五條　副掌館管理收入、支出會計事項,并輔助正掌館執行一切事務。倘正掌館有事故時,得代行其職務。

第六條　正副掌館對于館務應行整頓動用款項至五十元以上者,須由董事會議決許可。倘有特别事件發生,經董事會認爲重大者,得再召集全體同鄉會議。

第七條　正副掌館對于本館所有財產器具、什物等應詳編表册,妥爲保存,每年列册移交。

第八條　正副掌館收發款項均須詳細登記,所有證據憑單應編列號數,另簿粘存。

第九條　本館所有存款,無論何人概不得動用。如有關于本縣教育實業類必須動用者,由董事會召集在京全體同鄉定之。

第十條　本館每年收入現款,除酌留備用外,餘款應儲存國家銀行。

第十一條　每年二月開會時,正副掌館應將一年内收支帳目及經過狀況,造成清册及報告書,當衆宣布,并油印多份分送各同鄉。

第十二條　董事代表全体同鄉議決事件、監視款項、審核帳目、檢查歲收工程。

第十三條　書記掌撰文牘,紀録議案。

第十四條　正副掌館年送夫馬費[1]三十元,其餘各職員均盡義務。但認爲必要時,得由董事會之議决酌送夫馬費。

第十五條　同鄉到京欲住館者,須由在京同鄉一人以上之介紹,經正、副掌館許可,指令長班招待。

第十六條　本館章程除特别規定外,其餘均遵照警察廳頒布會館章程辦理。

第十七條　本章程施行後,如有窒碍或未盡之處,得由董事會議决修改之。

民國十年一月二十三日開會公决

①夫馬費:即車馬費。

計　開

一、會館内不准寄寓家眷,仍照舊章辦理。倘實有困難情形,應經公决指定邊空房間暫住。

一、老館廳堂所住之人應即讓出,至遲以舊曆辛酉年正月二十日以内爲限。如違限不遷,共推館長執行。嗣後兩館廳堂永遠不准寄住眷屬,應由掌館嚴行監視。

一、老館廳堂原有匾額器具等件應由原住人恢復原狀點交掌館驗收。

一、會館所有應行修正一切事宜,俟下届開會再行公同討論。

王鋭、李振華等公函整頓會館啟

逕[①]啟者,會館之設原爲考試駐足及同鄉聚會所需。近有旅京求學及謀差糊口者借以駐足,亦不過一時權宜,勢非獲已,然猶與先人创設之主旨若相符合也。詎[②]有富豪自居者乃竟不顧公益,挈領眷屬盤踞館廳,男女僕從占居多數,堂堂乎作爲永久自有之館舍。甚至非我族异類,冒稱同鄉鳩占鵲巢,忍心害理,致人品之混雜,恨男女以無分。况廳堂尤爲重地,開會集議,秩序攸關。樂爾妻孥,成何事體?是因整飭無方,致令貽羞[3]于今日,更恐現形怪狀,不免招禍于將來!竊憶先賢所訂館章,本載有禁住家眷一條。嗣後一再嚴申,幸無違章強占情事。近因年遠廢弛,殊多流弊,若不乘此再行設法整頓,必致愈趨愈下,無可挽回矣。爰[4]集同人商議辦法。此後新舊兩館廳堂概須讓出,以備聚會而壯觀瞻,無何人不得借住。所有舊館邊空房間,衹准旅京學士及謀差糊口,確有證據,經同鄉二人以上介紹并館長認可者,暫爲寄寓。凡有眷室人等,一概不得容留。倘或帶有眷屬而無資賃房者,似亦不忍聽其失所,擬以新館邊空房間,聽館長指定,暫爲栖止。蓋新館地點僻静,住家適宜,且男女分館界限亦清。似此辦法已于整頓之中亦寓有體恤之意矣。究竟是否可行,即祈館長迅予轉請同鄉會議公决。無任盼禱[5]之至。事關公益,希即施行。

提議人:王鋭、李振華、翟凱泰、王惟謀、翟天民、翟晰、查國棟、董之馨、王錫藩、查富齊。

---

①逕:"徑"的异体字。

②詎:豈,怎。

③貽羞:使蒙受羞辱。

④爰:于是。

⑤無任盼禱:古人書信中的盼禱語。

修訂北京涇縣會館規則(民國十五年關帝會)

第一條　本館于每年夏曆二月初三日在新館舉行文昌會,夏曆五月十三日在舊館舉行關帝會。如有特别事故,得由主任董事隨時召集同鄉會議。

第二條　每年夏曆二月三日，由在京同鄉開會投票選舉董事七人；再由董事互選主任、副主任。

第三條　旅京同鄉，凡有正當職業及在京居住至三年以上足孚衆望者，有被選舉本館董事之權；但眷屬不在京者不得爲主任、正副董事。

第四條　董事任期以一年爲限，但得連任之。

第五條　董事會章程由董事會會議定之。

第六條　主任董事管理新、舊兩館暨本縣義塚，以及其他應行執行事務。主任董事有事故時，副主任得代行其職務。

第七條　主任董事對于館務正項開支動用公款至百元以上者，須由董事會議決。倘有重要事件經董事會議決，得召集全體同鄉會議。

第八條　主任董事對于本館所有動產、不動產應詳編表册，妥爲保存，每年列册移交。

第九條　本館收入如有餘款，于次年開會時得由董事會議定支配方法以爲標準。

第十條　主任董事收發款項，均須詳細登記所有證據；憑單應編列號數，另薄粘存，每月月終彙交董事會備查。

第十一條　主任董事收入現款除酌留備用外，餘應存儲殷實銀行。

第十二條　每年二月初三日改選董事，前任董事應將一年内收支帳目及經過狀况造成清册，當衆報告，油印分送各同鄉。

第十三條　主任董事年送夫馬費三十六元，其餘均盡義務。但認爲必要時得由董事會議決酌送夫馬費若干。

第十四條　同鄉到京欲住館者，須有在京同鄉一人以上之介紹，經主任董事認可，指定長班招待。

第十五條　本館規則除特別規定外，其館遵照警察廳頒布修訂管理會館規則辦理。

第十六條　本規則自議决日施行。如有窒碍或未盡之處，得由董事會議决修改之。

北平市公安局擬訂管理會館規則

第一條　在本市區内購建館舍爲同鄉集合居住，或工商團体會議之會館，依本規則管理之。

第二條　各會館應公舉董事或委員負責管理。

第三條　董事及委員公舉方法得依各該館習慣辦法，或用投票，或用公推。

第四條　董事及委員任期均爲二年，但得連選連任。

第五條　前條規定之公舉人、被選人均應呈報公安局核准備案。其被舉人對于該館一切事務應擔負完全責任，并有執行保管稽查之權。

第六條　各會館如無確定之人負責者，經公安局查明得逕行管理，或暫行封鎖，俟舉定董事或委員後再予發還。

第七條　各會館本籍旅平同鄉欲在會館居住，須商得董事或委員許可方准遷入。

第八條　住館人之遷移、死亡等事，均應由董事或委員責成館即長班依照調查户口章程，隨時報告該管區署。

第九條　住館人有妨碍同寓之安甯，或其他過當之行爲者，應由董事或委員勸止或禁止之。

第十條　董事或委員對于住館人有左[下]列各事之一者，應責成館役隨時報告該管署區。

一、不服第九條之勸止或禁止者；

二、携帶違禁物品及槍支子彈者；

三、言語動作形迹可疑者；

四、違犯烟賭等項禁令者；

五、招致娼妓到館住宿、侑酒[1]彈唱者；

六、患傳染病者；

七、審知爲未發覺之匪人或犯罪之在逃者。

第十一條　違背本規則第七條者，應由董事或委員報告該管區署，勒令遷移。

第十二條　違背本規則第八條者，應依照違警罰法第三十四條處罰。

第十三條　違背本規則第十條，應查酌各款情形分別依法核辦。

第十四條　會館館役遇有第八條、第十條之情事，遲延不向董事或委員聲明報告該管區署者，應由董事或委員送由該管區署，按照本規則第十二條、第十三條分別處罰或驅逐更换之。

第十五條　本規則未盡事宜得隨時呈請更正。

第十六條　本規則自呈奉市政府核准之日施行。

---

①侑酒：勸酒；爲飲酒者助興。

北平涇縣會館規則

第一條　本館根據公安局《擬訂管理會館規則》第二條規定，公舉董事五人組織董事會管理之。

第二條　本館董事應由旅平同鄉中有正當職業而鄉望素孚者，以開會公舉之。但虧欠公款尚未清償時，雖具有上述資格不得充任之。

第三條　本館董事公舉方法依據管理會館規則第三條規定，仍用習慣辦法，以前任推薦後任，但須同鄉會議通過之。

第四條　本館董事任期仍依前條根據之規則第四條規定,以兩年爲限,但得連任之。

第五條　本館董事會章程由董事會議定之。

第六條　本館董事會管理新、舊兩館暨本縣義塚,并其他一應進行事宜。董事如因事故不能出席,得委其他董事臨時代行之。

第七條　董事會對于館務正項開支動用公款至百元以上者,須由董事會議決。董事會如再認事關重要,得召集旅平同鄉解决之。

第八條　本館根據向來習慣,于每年廢歷[曆][①]二月初三日及五月十三日各舉同鄉會一次,僅作鄉飲。如有特別事故,由董事會另行召集之。

第九條　本館董事會對于本館所有動產及不動產應詳編表册,妥爲保管。每遇新舊董事交替時,務須慎重移交,以維公益。

第十條　本館董事會會務及財政均以公開行之。董事每屆任滿時,應將其任內所辦事務及其收支造具報告書,油印分送各同鄉。

第十一條　本館董事會收支款項,均須詳細登記所有單據,另簿粘存,以便稽核。

第十二條　本館董事會收入進款,除酌留備用外,餘應存儲殷實銀行生息,不得變更之。

第十三條　本館董事會職員由董事會聘請雇用襄助外,餘均純粹義務。

第十四條　同鄉旅平欲住會館者,須有在平同鄉介紹,經董事會認可,必須有閑空房,始令長班招待。

第十五條　本館規則除特别規定外,其餘均遵照公安局擬訂管理會館規則辦理。

第十六條　本規則自通過日施行。如有窒碍或未盡之處,得由董事會議决修改之。

①廢歷[曆]:即農曆。

北平涇縣會館董事會章程

第一條　本會章程根據本館規則第五條分别議定之。

第二條　本會依照同規則第一條規定,由董事中公推一人爲主席,主持全會一切事務。

第三條　本會爲辦事便利起見,分設左[下]列各股:

一總務股,二會計股,三保管股。

第四條　前條各股事宜除由本會董事兼任外,如遇特别事件,得擇相當者分别聘請或雇用之。

第五條　本會董事兼管會計事宜,非具左[下]列資格之一不得充任:

一、旅平有現任職業者;

二、在平有動産或不動産,價值二千元以上,有切實証明者。

第六條　本會董事兼理保管事宜,具有左[下]列資格者充任之:

一、旅平有動産或不動産,價值三千元以上,有切實証明者。

第七條　本會常務董事專爲處理本館應行改良事宜。如因公需款時,非經董事會議决不得動用之。

第八條　本會董事兼任各股事宜,除會計額定决算由會計委員逕行開支外,餘皆由董事會議决行之。

第九條　本會董事維持公益純屬義務。

第十條　本會董事會每月開會一次。但遇特别事項,得由董事二人以上之提議,臨時召集之。

第十一條　本會開會時,各董事如因事故不能出席者,得委托他董事兼代,但以臨時兼代一人爲限。

第十二條　本會候補董事于開會時得提出建議案，出席發言；但以自行提案有關爲限，不得參與表决之。

第十三條　本章程自議決日施行。

第十四條　本會章程如有窒碍未盡之處，得由董事會議决修改之。

附：會計股辦事細則

一、本股根據本館董事會章程第三條規定分任會計事宜。以本館出入款項登載帳簿及制定預算、决算各種列舉之事務爲限。

一、本股每月收入租金等款數達百元以上者，即提百元送由保管股存儲銀行。如遇租户故意遲延或發生拖欠時，即行報告董事會解決之。

一、本董事會所有開支時，須持有董事二人簽章開支憑單方可付款；否則無從查考，概行拒絶之。

一、本股每月憑各股戳記所支付之款項，一俟開會時，即將憑單提案公同稽核，以防冒濫。

一、本細則自議決日施行。

一、本細則如有窒碍難行時，即提付董事會臨時修改之。

附：保管股辦事細則

一、本股根據本館董事會章程第三條規定，專任保管本館一切產業款項及各種重要文契事宜。

一、本股對于一切收入一經收到即送銀行存儲生息，概不留置，以重公款。

一、本股送入銀行款項概用本館名義，摺據支票均歸本股保管。惟會計支取款時，須經本會董事二人及會計委員簽章方得提用，并即通知各銀行知照。

一、本股細則自議決日施行。

一、本股細則如有窒碍難行時即提付董事會臨時修改之。

民國十九年三月九日涇縣會館開會

議決事項:

一、表決舊有館章。

通過有效,即日施行。并報告該管官廳備案,惟修正董事人數改爲五人。

二、推舉董事。

正董事:王介侯、陳錫朋、翟健人、徐震先、吴庸五;

候補董事:吴仲南、潘茂孫、吴叔良。

三、每年以收入分爲三[四]項開支:

假定數:一歲修、二補助學費、三雜支、四補助同鄉。

以上所論交董事會審查後再開大會表決。

四、此次所有前正、副掌管交來餘款暫推翟健人先生保管。

董事會開第一次會(三月九日)

議決事項列左[下]:

一、公推臨時主席:陳君錫朋。

二、本日大會通過章程呈請官廳備案。

三、公推常務董事:徐君震先;會計委員:吴君仲南;保管委員:翟君健人;執行委員:王君介侯。

四、提議起草董事會服務規則。

議決公推陳君錫朋起草,由董事會表決實行。

五、提議吴筱舫欠款問題。

議決即日以公函通知,提出抵押品交董事會審查。

列席者:陳錫朋、徐震先、翟健人、王介侯、吴仲南、潘鱗翰

董事會開第二次會議（三月十五日）

各董事簽名紀事如左［下］：

陳錫朋、翟健人、徐震先、王介侯、吴仲南、吴鍊伯（代表吴庸五）

本日議决事項：

一、本會主席問題。

議决爲固定性質，公推陳錫朋（充任之）。

二、提議本館規則業由董事會修改完畢，是否實行？

議决呈請官廳備案，即日實行。

三、提議本董事會章程。

議决通過施行。

四、提議義塚劃界問題。

議决先須呈報土地局，俟此呈報文稿擬妥後，再表决着手進行。

五、提議吴蔭堂占房不讓又不交租問題。

議决先致公函責問，限期答復。

六、提議本會董事吴爾庸函稱因事未能來平，委托吴鍊伯代表問題。

議决按照本董事會第十一條章程規定，限于董事委托董事方可代表，照章去函答復。

七、提議大會交議補助學生學費一案。

議决保留容緩從長計議（因今日時間過短，提案又多，匆匆核辦恐難得其公允）。

八、提議本會各股因公開支問題。

議决以向來掌管夫馬費額數爲度，其原定之夫馬費洋三十六元取銷之。

九、提議老館宋長班因遭時疫患難，由住老館者公同來函請爲救濟一案。

議決酌給救濟費洋拾元,并准預支月薪拾元,分五個月扣還。

十、提議吴爾鈞、吴光遠二人函請借給學費一案。

議決俟補得學生學費案議決後,再行并案辦理。

十一、提議本會因紀録繕寫及帮辦文牘事宜,另須擇用一人擔任一案。

議決在本縣同鄉中擇一具有相當經驗者充任之,每月津貼四元。

紀[記]録:翟慰民

董事會第三次董事會(四月六日)

出席董事暨議決事項如左[下]:

陳錫朋、徐震先、吴庸五、王介侯、翟健人、吴仲南(列席)

一、提議義塚實行辦法案。

議決推王君介侯、徐君震先接洽,然後再定辦法。

一、吴筱舫提交抵押品請即審核案。

議決先推吴君庸五向銀行團接洽,此項債票是否有效?再定辦法。

一、吴蔭堂占居本館市房回信如何對付案。

議決根據《公安局擬訂管理會館規則》第七、第十一名條規定,去函限其七日內查照前函答復。

一、提議繼續審查補助教育費案。

議決本會審查議案以本館每年收入按百分之五提出補助。經大會通過後,于明春開單審查分配之。

一、提議吴爾鈞請借學費案。

議決暫借二十元,于明春分配教育費時扣除之。

一、提議本館長班工食問題案。

議決新舊兩館長班工食分爲三級制。一級十元,二級九元,三級八元。其服務非過三年不得進級。初到差以八元起支,現在新、舊兩館長班自本年四月起每名加給兩元。

一、提議會計股辦事細則案。

議決通過,即日施行。

一、提議本館規則暨本會章程應行增修案。

議決通過。

一、提議本會總務股所屬一切事項應公推董事兼任案。

議決公推陳錫朋、徐震先、王介侯、吴庸五四人擔任之。

中華民國十九年六月九號即廢曆五月十三日關聖大會

所有到會人數暨會議議決事項紀[記]録如左[下]:

一、陳董事錫朋辭職問題。

議決准其辭職,依法以候補董事潘茂孫補充之。

二、吴蔭堂居住本館市房問題。

議決暫准其每月交納租洋五元,自本年六月一日起租,祇以五個月爲度;五個月以後,其租金另行增加,租摺上并須注明。

三、驗契問題。

議決從速進行。準定下星期日即十五號開櫃檢契送驗。

四、義塚問題。

議決俟驗照後再行着手辦理。

中華民國二十年四月五日開董事會

議決各事如左[下]:

一、義塚地呈請丈量立略一案。

議決托由吴鍊伯疏通官廳,一面由館繪圖具呈。

二、各墳塚坍塌者應予修理一案。

議决照辦(以二三十元爲度)。

三、印刷館録案。

議决照辦,將舊館録審查是否殘缺。

四、函吴小舫催還欠款并利息案。

議决函催。

五、米市胡同七十八號房客請做門内擁壁案。

議决照辦,用磚砌造。

六、買石灰以便動工修理各房屋案。

議决照辦。

七、討各市房欠租案。

議决以半年爲還清。

八、教育補助費案。

議决百分之七,各學生應由學校出證明書方發。

中華民國二十一年三月十三日
旅平涇縣同鄉大會議事録

出席者:翟健人、翟丹生、翟其烈、翟其春、潘肇翰、潘承翰、潘永霖、潘鱗翰、吴仲南、王劍波、吴庸五、吴榮堂、吴光遠、吴鍊伯、吴秉之、吴叔良、吴子方、董孝農、吴金甫、吴竹薌、吴本蔚、陳錫朋、汪定和、翟大成、王子魚、王汝麐、吴少魯、吴子良、王介侯、王少侯、潘非純、洪裕甫

主席:翟健人

紀[記]録:王子魚

正午十二時開會如儀,議案如次:

一、主席報告上屆分款,除開支外結存六百五十二元七角八分,現存中國銀行。又會計流水帳結存一百八十八元八角五分,交

由本届會計保管。兩共結存洋八百四十一元六角三分。

二、吴庸五提議確定公款用途辦法。全年公款收入除經常費外,應按十成支配,計修理費五成,奬學費二成五,協濟費一成五,預備費一成。其修理費項下如有存餘即歸入基金。

決議通過。

三、奬學費依小學、中學、大學,按一、二、四比例分配。自民國二十二年起實行。

決議通過。

四、發涇縣公產目録,印刷涇縣旅平同鄉録,切實交涉義塜問題。

決議交由本届董事會負責辦理。

五、王介侯提議由大會指定董事會書記一人,秉承董事會意旨繕寫及保管各項來往文件事宜,每月給津貼四元,由經常費項下開支。其書記一席即以翟大成充任。

六、王子魚函稱因于本年二月二十日突遭回禄[1],燒失會館房屋四間,究應如何核辦之處,提請大會公決。

由議決:一關于重修新屋問題。即撥公款重修,并推定王介侯、潘茂孫、吴竹蓀三人先行估價,以估價最廉者爲合格;二關于責任問題暫行保留,全場無异議。

七、推定新董事五人,候補董事二人。計開:王介侯十九票、吴叔良十七票、陳錫朋十七票、吴錬伯十五票、翟健人十四票當選爲本届董事。潘茂孫十二票、吴仲南十一票當選爲本届候補董事。

①回禄:傳説中的火神名,因借指火災。

涇縣會館董事會開第一次會(三月二十日)

議決事項如左[下]:

一、關于整理義地事。

議決將往年文件理出，統交由吴鍊伯負責辦理。

二、王介侯提議協濟同鄉費應如何辦法事。

議決每年約定二百元（此數係按同鄉大會議決協濟費一成五一案所得來）。

三、陳錫朋提議協濟費應分配三條列左[下]：

（一）查看是否確實無川資。議決通過。

（二）協濟數目：死者不得過三十元，活者不得過二十元。議決通過。

（三）付款手續。活者派人送往車站，視購票外應給四、五元零用，但不得超前規定數；死者交家族或親族。議決通過。

四、吴爾棟函借川資事。

議決照第三條議決借（二十元）。

五、王介侯提議應將會館規則抄録二份，用玻璃匡[框]懸掛[挂]新舊兩館，以利遵守事。議決通過。

六、關于清明赴義塚上祭事。

議決除全體董事應往外，同鄉自由參加。其所有應辦事由吴叔良辦理。

七、關于開會地址事。

議決新舊兩館輪流召集。

八、王介侯提議老館長桌因借用遭火，重新置買，并附購方橙[凳]六個事。

議決通過。

列席者：王介侯、陳錫朋、翟健人、吴鍊伯、吴叔良

紀[記]録：翟大成

涇縣會館董事會開第二次會(五月十四日)

議决事項如左[下]:

一、關于吴澤霖函求借洋三百元

議决款額過多,應去函請其按照家鄉習慣自行通知在平同鄉開會討論。

二、王介侯提議:

(一)老館後院被燒之房數月以來尚未修造,應行通知大會被舉之人從速估工修造案。

議决通過。

(二)關于館録事。

議决公推吴錬伯擔任編篡。

(三)關于獎學金應有何進行事。

議决緩辦。

(四)義地進行攻效如何?請專辦人報告本會討論。

議决專辦人吴錬伯因事缺席,請代理人轉達吴君將所有進行事宜隨時報告本會。

(五)凡我新舊兩館如有違法行爲者,經董事一人查出,均可函報官廳懲辦,俾連累同鄉案。

議决住館者若有不軌行動,長班即行報告,以便勸戒。不聽即報官廳懲辦。若長班置之不報,責任由伊擔負,并加以相當懲罰。

(六)新舊兩館暨各市房即行購買石灰,雇工普遍修理,以免坍塌案。

議决通過。

三、老館同鄉函提二條開門案。

議决(保留原案俟五月十三大會討論)。

四、潘鍔請求協濟川資事。

議決給洋二十元。

列席者:王介侯、翟健人、吴叔良

紀[記]録:翟大成

民國二十一年六月十九日,涇縣旅平同鄉補祭關聖,并于是日開第二次同鄉大會,嗣因天雨到者無幾,乃改開第三次董事會

議決事項如左[下]:

一、陳錫朋提議將辦事細則擬出(或仍過去細則)。俾各股分頭執行應辦事宜,此外逢開會時推一臨時主席。所有該臨時主席經手議決事項應由該臨時主席執行并負召集下期開會之權,但不得連任。

議決現因時間過短,保留下期會議再決。

二、王介侯提議吴澤霖函托轉達諸董事仍請求協濟事,應如何答復?

議決去函聲述協濟費之定義及不能借給之原因。

三、王錫藩等來函請指示估價標準應如何答覆。

議決函復該委托人自行配量估價。

列席者:王介侯、翟健人、陳錫朋、吴鍊伯

紀[記]録:翟大成

涇縣會館董事會第四次董事開會(七月廿四日)

議決事項列左[下]:

一、關于吴董事鍊伯自行呈報義地立界事應如何辦法案。

議決俟接公安局批示後再從長討論。

二、吴董事鍊伯辭職業案。

議決慰留并將原函退回。

三、關于徐震先等來函請救濟吴君少魯事。

議決函復由該請求人具名,本會暫准借洋二十元,日後應由具名人負責歸還該二十元。

列席者:陳錫朋、翟健人、王介侯、吴叔良

紀[記]録:翟大成

涇縣會館董事會召集臨時董事會(九月十一日)

議列左[下]:

一、涇縣旅蕪同鄉函請補助建築病室六百元。經董事王介侯提議由吴小舫欠款項下撥款協助現洋三百元正。但館章(即會館規則)第七條規定應召集大會討論。

議決于最短期内召集全體同鄉大會公決。

列席者:吴鍊伯、陳錫朋、王介侯、翟健人、吴叔良

紀[記]録:翟大成(潘非純代)

涇縣會館董事會第五次開會(九月十八日)

議決事項列左[下]:

一、吴竹薌來信提議爲購買復興木廠界石十二條,共洋八十元,隨時付清,當收石條六條,尚欠半數,應如何辦理?請董事會公决。

議決着長班高普隨時催討,俟下期開會時報告。

二、米市胡同七十八號房屋東院牆有李姓者,指此牆爲他所有。應如何辦理?

議決本日即時各董事會同本段巡警劉廣福蒞場勘驗交涉,當以該牆確係我館所有産,兩無异議。

列席者:吴叔良、王介侯、翟健人、陳錫朋、吴鍊伯

代理紀[記]録:潘非純

涇縣會館董事會第六次開會(十月十六日)

議決事項列左[下]:

一、蕪湖同鄉會來函捐款應于何日召開大會。

議決訂于十月二十三日在新館召集。

二、潘非純借款事。

議決大會討論。

三、老館空屋招租事。

議決提交大會討論。

四、涇縣教育會來函,應如何答復事。

議決提交大會討論。

列席者:翟健人、王介侯、陳錫朋、吴叔良

紀[記]録:翟大成

涇縣會館董事會第七次開會(十月三十日)

議決事項列左[下]:

一、關于義地丈量事。

議決吴董事鍊伯自行繪畫之圖,恐有未盡之處。應吴君定期會同外五區及董事若干人前往,從細測量,另繪一較詳之圖爲標準,提交下届會議批准後送諸旅平同鄉簽注。

二、蕪湖同鄉會來函捐款事。

議決與義地丈量事同時送諸同鄉簽注。

三、南京同鄉會響應涇縣教育會函應如何簽復。

議決公請徐震先先生擬函回復,并函请蕪湖王志襄先生为旅平同鄉全權代表出席聯席會議,對于涇縣教育會同時亦發出一聲明進行公函。

四、關于館録事。

議決由本會公請徐震先先生、吴董事鍊伯共同于國曆[①]年底前辦。

五、關于潘非純借款事。

議決本會憐其此次回南確實,特協助二十元,俾其成行。否則將其請求數目及與本會規定辦法一并用書面送諸同鄉簽注,本會按同一主張歸多者執行之。

列席者:翟健人、王介侯、吴鍊伯、吴叔良

紀[記]録:翟大成

①國曆:指我國傳統上使用的夏曆。而在天文學中認爲夏曆實際上是一種陰陽曆。我國從辛亥革命後即自民國元年採用,故又名曰"國曆"。

涇縣會館董事會第八次開會(十一月廿七日)

議決事項列左[下]:

一、關于王志襄復函請添張筱舫爲代表,并附張君赴京進行之函稿一份,請本會酌裁繕寄事。

議決立即函請張筱舫爲旅平同鄉全權代表出席南京聯席會議。對于張君函稿,通過繕清南發。

二、關于義地丈量簽注事已由吴董事鍊伯單獨送諸同鄉簽注。

本會議決加以追認。

列席者:王介侯、吴鍊伯、陳錫朋、翟健人

紀[記]録:翟大成

涇縣會館董事會第九次開會(十二月十八日)

議決事項列左[下]:

一、關于義地立界石事。

議決當呌[1]來石匠商談。言明每根石椿八元五角,共做十四根,七尺高見方七寸,一切栽立手續應由該石匠包辦。并限該石匠立書包字爲証,先付定金,訂于下星期日前往義地監視挖栽。

二、義地長班加薪事。

議決加二元。

三、對于翟展成訃聞事。

議決由下届董事會辦理。

四、對于義地繪圖事。

議決立發通知,請各在平同鄉下午一時集于新館開會,二時齊到義地考量。

列席者:吴鍊伯、吴叔良、王介侯、翟健人、陳錫朋

紀[記]録:翟大成

---

①呌:“叫”的异体字。

涇縣會館董事會第十次開會(二十二年二月十九日)

議決事項列左[下]:

一、關于館録事項。

議決俟編輯完備再交董事審核通過發印。

一、關于本年文昌開會事項。

議決定于本年廢歷[曆]二月初三日(即星期日)開會。

出席者:王介侯、吴鍊伯、陳錫朋

列席者:吴子方(董事吴叔良之子,代表報告會計)

義塚緣起　涇縣義塚記

天生仁人君子以爲人物。地也，夫鳥獸草木尚欲各得其所，綱之以法，紀之以數，况人乎？萬物之生，各事天地；天地之性人爲貴，貴其義耳。常思天下莫義于地，掘之得泉，樹之得穀，草木生焉，鳥獸魚鼈遂焉。人生則立焉，死則人焉。多功不言，其義莫加，故君子之好義于其地也斯至矣。義不可謂小而無益；不義不可謂小而無傷。昔周文王作靈臺及爲池沼，掘得枯骨，吏以聞文王，曰："更葬之"。吏曰"此無主矣"。文王曰："有天下者，天下之主也；寡人固其主，又安求主？"此以推之，不獨有天下者爲然，凡仁人君子之在天下，一切生不得其依，死不得所堲[①]，皆賴之以爲主。此因生心[②]之所不能自已非求其報也。矧[③]爲井同里萃者而忍視腐肉暴骨于异域之原野乎？余涇向未有館，自余叔祖毅齋公爲掌科[④]，始首義而創有斯館。迄今逆旅[⑤]而有義聚之歡，無不溯所原本者，嗣是[⑥]更數十年而義士云與衆擎易舉[⑦]，復置新館于舊館之左，獨是義塚一節缺焉未遑[⑧]也。今年春，大華左君以謁選來都門，因主館政，迺[⑨]慨然起而補從前數十年之缺憾，遂裒[⑩]館中宿儲[⑪]并以方募那凑[⑫]得若干，舍以買丈地若干畝。有奇土名坐落正陽門外之正南坊千兒胡同，東至官道，西至官道，南至仁壽寺香火地，北至官道。比即收册輸差，周遭立石爲界，仍照舊額每畝歲取地租若干以供納糧掃除之費，顧牧火亡羊[⑬]之患不能不需人點檢，嗣當就地造屋數間，且使往來者得少憩焉。往時客死京都者不得已爲苟且寄頓[⑭]之謀，迨後而骨肉朽化，歲久不收，其不免爲原隰[⑮]之燐者，不知凡幾[⑯]深可惋也。自有兹義舉而淺殯深瘞[⑰]、緩急久暫，悉聽取便，善矣哉。大華諸君子用心，其真仁人君子矣乎！余故不辭而嘉爲之記。諸所捐助具列碑陰，令後有觀感而興起者其爲義當未有窮期矣。天啟乙丑歲月之吉賜進士出身行人司[⑱]行人邑人查曰俞撰文;賜進士出身文林郎[19]巡按四川兼理鹽法監察御史邑人吴尚默篆額;賜進士出身通議大夫[20]通政司通政使前光禄寺正卿江西貴州左右布政邑人趙健書丹。

我涇邑舊有義塚以安旅櫬[21],并房屋地畝若干,取租以助公用。向因照應乏人,竟爲佃户任天爵侵占于雍正五年。經公控理,至八年始得清出。所費已多,兼修會館大廳資用更大,除助銀外,首事[22]吴子峻因用度不足,捐囊以助,另有義單隨當立石。幸義塚房地斷結[23],會館大廳粗竣。應念創造經理之難,無致仍蹈前轍,况兩處屋宇尚多頹圮,會館現在輸銀重建門樓,而義塚亦待修葺,需費甚多,所有地房租息不可朦朧出入,釐弊務清。開列于左[后],以垂永遠云(此又一簿,前載此序不書年月人名,據所稱清義塚,當在雍正九年、十年間也)。

---

①瘗:古同“葬”,掩埋死人,泛指處理死者遺體。

②生心:出自内心,產生于心中。

③矧(shěn):况且。

④掌科:明六科都給事中之别稱。

⑤逆旅:我國古代對旅館的别稱,引申爲“旅店”。

⑥嗣是:接續,繼承。

⑦衆擎易舉:許多人一齊用力,容易把東西舉起來。比喻大家同心協力就容易把事情辦成。擎,往上托。

⑧未遑:没有時間顧及;來不及。

⑨迺:同“乃”。

⑩裒(póu):聚集。

⑪宿儲:積儲的物資。

⑫那湊:挪移凑合。

⑬牧火亡羊:牧童丢失了羊,羊掉入秦始皇陵的洞穴,牧人手持火把找羊,結果失火燒了里面的葬槨。典出《漢書·楚元王傳》。

⑭寄頓:猶寄存。

⑮原隰:廣平與低濕之地。亦泛指原野。隰(xí),低濕的地方。

⑯不知凡幾：不知道一共有多少。指同類的事物很多。

⑰瘞（yì）：掩埋，埋葬。

⑱行人司：官署名。明洪武十三年（1380）置。設行人，正九品，左、右行人，從九品。後改行人爲司正，左、右行人爲左、右司副，另設行人三百四十五人。二十七年後定均以進士充任，升品秩。掌傳旨、册封等事。凡頒行詔敕、册封宗室、撫諭四方、徵聘賢才，及賞賜、慰問、賑濟、軍務、祭祀，則遣其行人出使。建文中罷。成祖即位，復舊制。

⑲文林郎：文散官名。隋文帝置，在八郎中位第八。唐爲文官第二十八階，從九品上。宋從九品上。元豐改制用以代留守、節察推官、軍監判官。後定爲第三十三階，金正八品上，元升爲正七品。明正七品初授承事郎，升授文林郎。清正七品授文林郎。

⑳通議大夫：文散官名。隋始置。唐爲文官第七階，正四品下。宋元豐改制用以代給事中。後定爲文官第十階。金沿置，正四品。元升爲正三品。明正三品初授嘉議大夫，升授通議大夫。清正三品概授通議大夫。

㉑旅櫬：客死者的靈柩。

㉒首事：謂爲首主持其事；指出頭主管其事的人或頭面人物。

㉓斷結：判決。

附：阡兒胡同義園地圖

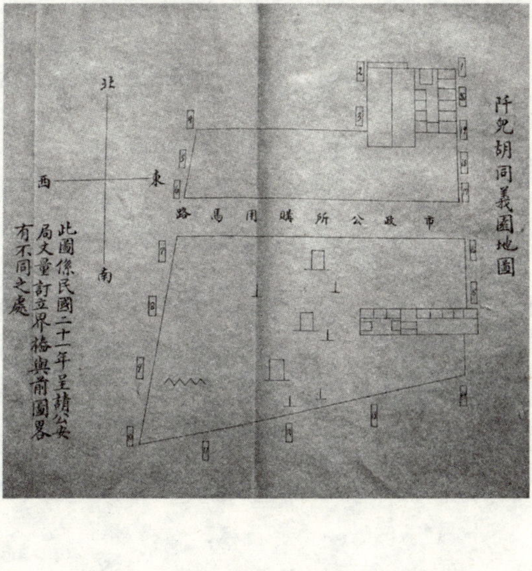

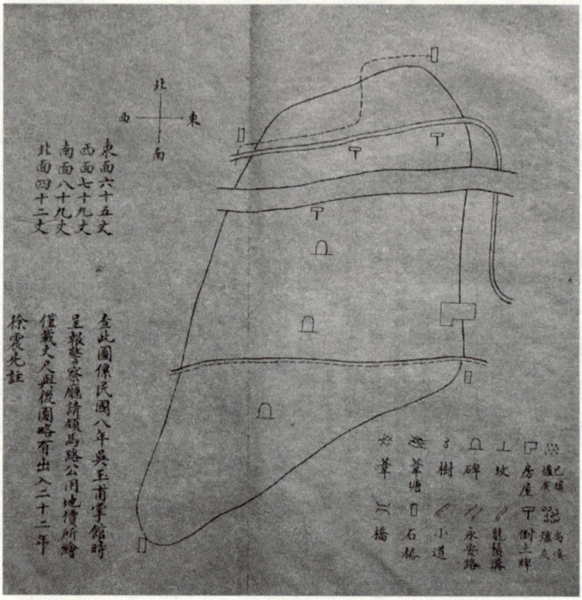

涇縣義塚勸捐序

衆之難集也，夫人而知之矣。況都城會館，遠隔三千里，目所未觸，雖復頹圮傾壞心曷由動，有動者動于言耳。然以訖迹都門栖身館室之人，言之雖復大聲疾呼，適足滋口實而阻事機。是以修葺之心屢動，而自審終阻焉。果爾[①]則前之人久已難之，其將不宜有會館。乃邑之前人不惟有會館，而且有義塚，兩處費不小，考碑記解囊者多至不可勝屈[②]。毋亦在都之人言之，而遠隔三千里者亦聞而有所動耶。其曷由動，動而集，集而克底[③]于成也，激于義耳。今者邑之人文日盛，好義者不一而足，凡所頹圮傾壞漸就修葺，如文廟、太學館、察院皆煥然晝改前觀；而琴溪橋現在爭出貲費[④]，鳩工飭材[⑤]，則邑之好義效已可見。獨都城會館不免頹圮傾壞者，目未觸也。目未觸，而在都之人觸于目，不一大聲疾呼以告之，其誰之責歟？顧猶有難者，難不在不輸也，輸矣孰爲斂之，斂矣孰爲致之，是道遠難一也;且輸之以其期成,而財者人所同欲,經手多致不實,而事或不成,是破疑難二也。積此二難,而又有滋之口者,以濟其阻敗之私,即從旁爲之大聲疾呼,究亦何益之有?今備録從前碑記所載,置館暨擴修巔未郵與諸君子,約各鄉各姓自擇一誠實可托者以掌其輸斂[6]。斂訖俟來京銓補或公車可托者,付之以董其成。成後勒碑以誌其盛,刊刻成書以廣其傳,并請載入縣志以示于後。是遠可致而疑可破也。夫事亦在爲之而已,當義塚失業時,邑人習而安焉,子峻先生起而申理[7]之,申理之至再三不倦而修復之。其前之阻敗之者豈少也哉?亦可以興矣。然此惟好義之人,有以相觀于形骸之外,謂言可信而樂輸無稍各甚其欣然來囊。厥事當更作詩歌以落成之,是爲序。

時乾隆四年三月上浣之吉邑人趙青藜撰并書于奎聚堂(此是勸捐序,所稱置館暨擴修巔末及下稱銀臺公碑記,今皆無迹可考)。

①果爾:果真如此。

②不可勝屈:形容爲數很多。

③克底:克,能夠。底,通“抵”。到達地點,達到目的的意思。

④貲費:錢財費用。貲,通“資”。

⑤鳩工飭材:召集工匠,準備材料。

⑥斂:聚集。

⑦申理:治理。

順天府宛平縣示

特授天順[順天]府宛平縣王示:本年十月初六日,蒙本府正堂孫堂牌内開看,得江南涇縣舉人吴嶺控告佃户任天爵等搆[1]串旂人[2]劉起鳳霸占縣屬阡兒胡同地方義塚一案。緣涇邑士庶恐旅櫬[3]無歸,立塚瘞葬以爲久遠之舉。詎料[4]世隔年湮[5],乏人祭掃,佃户任天爵等抛毁墳塋，日事平治。雍正五年，舉人吴嶺來京赴選，訪知塚迹，欲復義舉節次控理。天爵等因事敗露，串挽劉起鳳堅稱撥補旂地。業經咨查，厢藍旂[6]覆[7]稱并無檔案。明係搆旂影射逞狡[8]混賴。數載以來，懸案未結。今已親至地界查勘，而涇川義塚碑記二座現存，塚墓纍纍，抛殘枯骨猶在，是誠涇邑義塚，希圖奸占無疑。除將奸霸之任天爵、劉起鳳等鞭責發落盛雲舉飭遞原籍安插，并追任天爵折賣墳屋價銀給還吴嶺外，應將此地斷歸吴嶺管業，仍爲涇川義塚以結斯案。等因到縣，蒙此牌開嚴飭曉諭。爲此示仰該地居民人等知悉所有涇邑義塚遵照憲斷[9]，給與舉人吴嶺查照舊碑界址清理管業。如有不法奸徒仍行侵地占房阻撓違斷，着該地方并吴嶺立即稟報，以憑按法重懲，毋違。特示。

孫公名嘉淦[10]，王公名國英

雍正捌年拾月二十四日告示押

此子峻先生清釐義塚緣由略具示內。老館有碑刊此示，今已剝落，原示録于此。（原示存匣）

---

①搆：同"構"。

②旂人：清朝時的在旗的滿族人。有正黄旗、鑲黄旗、正白旗、鑲白旗、正紅旗、鑲紅旗、正藍旗、鑲藍旗共八旗。

③旅櫬：客死者的靈柩。

④詎料：豈料。

⑤世隔年湮：謂年代久遠。

⑥厢藍旂：清代八旗之一。鑲藍旗在今内蒙古烏蘭察布盟東部，建于明萬曆四十三年(1615)，因質色爲藍色鑲紅而得名。鑲藍旗是下五旗，由諸王、貝勒和貝子分統。

⑦覆：同"復"。

⑧逞狡：肆行狡猾。

⑨憲斷：舊時用以稱上司審斷的敬詞。

⑩孫嘉淦：字錫公，山西興縣人。康熙五十二年，成進士，改庶吉士，授檢討。

歷仕康、雍、乾三朝，從政四十多年。一生勤學，精研六經，主要有《春秋義》《南華通》《詩義折中》《周易述義》《司成課程》《近思録輯要》《成均講義》《詩刪》《孫文定公文録二卷》《孫文定公奏議》以及部分序論碑文。

捐修義園文

合邑之有義塚由來久矣。近因被人盜埋挖土，放馬過車，幾失界址，是以公議週圍栽種榆樹編籬以固地限，柰［奈］館内公費無多用，特單知闔邑諸公，伏望[①]隨意樂輸，以成美舉。謹將捐輸姓名開列于後，續捐者再登。

此嘉慶十年因栽樹捐輸姓名，見舊録，不重載。

立議合。涇邑棉連[②]各號，緣因合邑義塚歷來看守人每年二季培土，并無私租地畝之弊。近來看塚人竟私租人耕種，甚至將體骨拋散，理應送公究治[③]。姑念伊再四哀求，寫立承管永不敢再犯。我等公仝商議各號進京紙貨，每年照紙數科費每塊出大錢三文存公，至每年清明、七月半二次上墳查看，果係照應妥當，每次給大錢貳千五百文，二次共給大錢伍千文。如看塚人仍蹈故轍，定要送官究治，決不寬宥[④]。再我等來京紙客，務祈經心辦理所有餘銀，挨號領去生放[⑤]，倘日後有字號不來京者，亦不得藉言此銀有分。今欲有憑，立此議合存照。

嘉慶十一年丙寅八月初十日立議合

九合號（經手：汪怡園）　永聚號（汪怡園）　楚才夏記（鄭明宇）

六吉號（汪靖臣）　義合號（沈培元）　元記、玉記（俱鄭明宇）

林一號（峻記張俊書）　旭大號（汪瑞五）　開陽號（袁瑞徵）

大生號（汪瑞侯）　道生號（吴星垣）　情田號（汪獻臣）

---

①伏望：表希望的敬詞。多用于下對上。

②棉連：棉連紙，即連史紙。

③究治：追究處理。

④寬宥：原諒、饒恕的意思。

⑤生放：放債。

吴因材捐銀義園文

吾邑義塚之置創于前明，邱隴[1]之界址、修復之原委載于兩碑。前人之所以安旅櫬慰幽魂者，意甚周密。曩[2]例每逢歲時，俱備酒脯香楮[3]以致奠。近公項無多，恐其不給。（余）心有餘而力不能，勸助義舉以綿遠。前規聊輸京平紋銀拾兩，生息以佐冥饌[4]之資。倘有同志者踵事[5]而增，是又鄙[6]忱所厚望也。爰志數語以待來者時。

嘉慶十五年歲次庚午十月二十日茂林吴因材識

---

①邱隴：亦作"邱壟"。墳墓。

②曩：以往，從前，過去。

③香楮：祭神鬼用的香和紙錢。

④饌：飲食，吃喝。

⑤踵事：繼續前人的事業。踵：追隨，繼續。

⑥鄙：謙辭，用于自稱。

重修義塚記

事濟于艱而襄于衆行之，以忠厚悱惻[1]之心，則雖或堙[2]其址、撓其謀而卒無不立世之。義舉，大抵爲生者設耳。義而冢澤兼施于死，然情涣多淡忘，地偏少警觸，歷久易弛而因循生無惑乎？前人美意日就凌夷[3]而莫之振也。吾邑義冢居先農壇右，前明天啟五年始營建。見查行人[4]日俞所撰碑。後更世變典掌闕人被侵没，蓋入國朝數十年無究詰者。雍正庚戌孝廉吴君嶺獨力訟復之，雖得直[5]而精已憊，其西北面未及盡復，北尤甚。今又將百年矣。案碑載四境胥[6]有據而界畫混淆驟不可爬梳，重以車馬之蹂、豚犬之搰[7]，土漸頹剝，致使腐胔[8]殘骼多暴于沮洳[9]猥穢之區。黄塵如織，青燐[10]不熒，過者盡傷，屢議列樹防隄率中寢[11]。己卯春，公車麇集，新舊館規制具備，僉言[12]曰：鄉里往來幸托庇歡顔而憖[13]置旅魄爲不仁，畏難苟安爲不勇。趣興役市圍上下冢二百十有六，培而築之宰如也踰冢百餘。武有高廟峙其北，趙道士者夙猾黠[14]，悍然尼我成告之情，弗從剖以理，弗從即湖蕩瓜分其中央，亦弗從爰正之有司。初康熙中，吾邑失業，或指爲閒田。四明葉某糾朋儕[15]離廟三丈餘建閣祀文昌，道士之祖耽睨焉。某懼其并也，特立碑明閣與廟無所涉。久之，閣圮道士置豆棚其地而碑蔽于土梗，尋當廟增堵牆聯屬如一，至是道士疑碑可代券，始稱有碑在。命吏拓以呈則自納敗，闕其覆盡發道士爽然語无措，讞[16]遂定。嗟夫！道士豈不欲匿其情，殆司命明神怒而奪之魄而，亦九原數百游魂之所環而訴者也。循豆棚而西皆葦場，與閩之泉郡壤相錯，泉人先樹石爲槷[17]，及吾邑置槷則欲以新槷一移南數弓[18]，邑中人相度僅咫尺，如其議成弧三角形，戒守者勿敢抗，糾紛既靖。工乃訖費白金五百有奇，并存金若干，俾因時完葺[19]。由是疆域明，塋兆[20]固，坡陀溝渠屹如釃[21]如可以永久。嘻，亦艱哉！同人謂宜重記事垂示于後時，在都者，吴雲樵少宰[22]位最尊，齒亦最長，而夙夜趨公[23]，摛毫[24]未暇，轉屬余。余竊謂吾邑好義之風于斯可覩矣，貲出自館贏前之裒[25]聚何其厚，各效厥能，無儳無諉，何其公且奮。道士妄思越畔[26]，但釐閣基歸之官而不毀其室，不驅其人；泉人密邇[27]爲隣，且亦冢地，毋岐視，讓之以合好。此皆忠厚悱惻之心之所迫而形，而非激于意氣，并有所圖利狥私而爲之也。然則天下之不可已而已，抑可已而不已者，其勘[28]所取衷矣乎。雲樵曰善，同人亦韙[29]之，遂述以爲記。董事者鄭君中岳、沈君球、胡君承玢、吴君俊三例得附書。所請禁示則樹碑冢側，其斷案之文，丈量之數，別列諸館録。

賜進士出身翰林院編修前翰林院侍講邑人朱珔撰文；

賜進士出身吏部右侍郎邑人吴芳培書丹；

嘉慶二十四年歲次已卯夏六月穀旦[30]立。

---

①悱惻：形容內心悲苦凄切，憂思抑鬱，心緒悲苦而不能排遣。

②堙：同“湮”，埋没。

③凌夷：衰敗，走下坡路。

④行人：官名。明時行人以進士充任，掌管捧節奉使之事，凡頒詔、册封、撫諭、徵聘諸事皆歸其掌握。在京官中地位雖低，而聲望甚高，升轉極快。初中之進士，以任此職爲榮。

⑤得直：法律術語。原審敗訴的訴訟當事人向上訴法庭提出上訴，上訴法庭認爲原審有誤而撤銷原審判决，并改判上訴方勝訴。

⑥胥：全，都。

⑦搰：挖，掘出。

⑧腐骴：腐爛的屍骨。

⑨沮洳(jù rù)：低濕之地。

⑩青燐：人和動物屍體腐爛時，會分解出磷化氫，常在夜間田野中自燃，發生青緑色的光焰。

⑪中寢：停息；止息。

⑫僉言：衆人的意見。

⑬愸(chì)：從。

⑭猾黠：猶奸狡，狡黠。

⑮朋儕：朋友，朋輩。

⑯讞：審判定罪。

⑰闑：門中央豎立的短木。

⑱弓：舊時丈量地畝用的器具和計算單位。

⑲因時完葺：根據不同時期的具體情況修繕、修葺。

⑳塋兆：墓地；墳墓。

㉑釃：濾酒，斟酒。引申爲“疏導，分流”。

㉒少宰：官名，明、清常用作吏部侍郎的别稱。

㉓夙夜趨公：從早到晚，勤于公務。

㉔摛毫：猶摛筆，謂執筆爲文，鋪陳翰藻。

㉕裒（póu）：聚集。

㉖畔：田地的界限。

㉗密邇：靠近；貼近。

㉘尠："鲜"的异体字，少。

㉙韙：是，對。

㉚穀旦：舊時常用爲吉日的代稱。源自《詩經·陳風·東門之枌》。詩中有："穀旦於差，東方之源"之説。《毛傳》解説："穀，善也。"《鄭箋》則解："旦，明。"

清理義塚地界始末

具稟涇縣會館長班龔德升爲堵道罩占，叩恩提勘究横澤枯[①]事切。身主等籍隸安徽涇縣，前明天啟年間買置義塚，碑記載明坐落正陽門外之正南坊阡兒胡同，東至官道，西至官道，南至仁壽寺香火地，北至官道。嗣于雍正年間被占，蒙孫尹憲斷，令照舊碑管業在案。該地坐落湖心，夏秋既被水浸，冬春湖涸又被車馬抄道作踐。館主公議修築于稍遠塚臺之處，開溝取土培塚，兼使客水有歸，攔截抄道。前經稟請街道院憲并本司主給示曉諭。遵于前月十六日在西南面開工，及廿九日取土至東北隅，突有高廟道士糾同棍黨多人攔阻，口稱係伊嘉慶八年買受廟主。館主比將碑刻四至憑明地隣僧心正，該道士一味逞凶不理。及本月初四日喊稟坊主，該道士供稱伊據截北至大道，南至大道，反汗[②]身主占伊廟界十餘丈等語。切思義地塚碑界東北西三面皆至官道，斷不能將湖心抄道指作官道。況碑載坐落阡兒胡同，其爲義塚，北界在阡兒胡同南口可知，又廟界北至大道既已該廟後簷[③]，前則南至大道即屬山門可知。查該廟于嘉慶十二年重修，在山門五六丈之外增造照壁，圈成甬道，現有該廟重修碑記鐵據。況西牆外尚有古道形迹與東牆前進廟之道相直[④]，該道士又在西牆根埋瘞多棺以没道迹。而碑刻年月在嘉慶十二年之後，其爲蓄意罩占，預堵官道。鬼域之情一勘畢露。爲此瀝情[5]號叩大憲[6]恩賜提訊履勘究横杜占。俾得完工存殁[7]均感。上禀。

嘉慶二十四年閏四月初九日

---

①澤枯：恩澤施及死去的人。形容恩情深厚。

②反汗：指翻悔食言或收回成命。

③簷："檐"的异体字。

④相直：相對。

⑤瀝情：謂點滴不漏地告知實情。

⑥大憲：舊時府吏對上司的稱呼。

⑦存殁：生者和死者。

附：重修高廟記

高廟之建，據所傳于人口者謂始于前明。世遠年湮，碑碣[1]撲蝕，縉紳先生雖言無徵，然自康熙已未重修則昭然可考，廟之由來固已舊矣。觀其形勢于四圍平壤中築土爲基，聳出[2]仞有餘尺，而廟即建其上，高廟之名因是得歟。所崇祀者，昊天上帝[3]、伏魔大帝[4]以及聰明正直諸神。都人士禱祀祈福者往來不絶。柰自重修以迄于今，百數十年雨毁風銷，傾頹剝落，幾無完宇。夫廟者貌也于人心之所仰戴尊敬，故立廟以奉之。若目覩其像之暴露于風日中而漠不動念，雖時執香楮以奔走其中亦復何益？然非有力者不能也，又非有力而兼有心者不能也。龔君輝遠與竇杼、徐君星羽，徐君慷慨篤信士也，顧斯廟而咸各惻然傷之，相與合心同志糾工而重修焉。前後正殿、左右配殿、山門悉仍其舊，外加圍牆，前添照壁，築泊岸甬道均與廟基相稱。棟宇依然，模規較前宏整矣。溯自春初以迄秋季閱百三十日，費六千餘貫，龔君輸資不吝，竇杼襄贊盡力，星羽監督克勤，而廟貌從此一新。夫物之在天地間無有不朽,往往名勝古刹歷千百年而長新者全賴樂善好義之士後先接續于期間焉。斯廟之建苟無前賢之重修,何以至今日！今苟無龔、徐三君之繼善,何以示後來？倘百十年後更有承三君之志而興起焉,則斯廟直可與天地同其不朽矣。所關豈淺鮮乎哉！吾知天地神靈其所丕冒[5]者,雖不止于斯廟,然得此輪奐[6]崇閎[7],日萃千百人之誠以昭事[8]焉。其必有以鑒之,則是鑒其誠而錫福于都人士無盡也。其所以呵護夫樂善好施之士者豈復得而計量也歟。是爲記。

嘉慶十二年歲次丁卯九月庚戌吉日立。山陰平宗海撰文,會稽徐指南書。

---

①碑碣:石碑方首者稱碑,圓首者稱碣。後多不分,以之爲碑刻的統稱。

②聳出:高聳突出。

③昊天上帝:全稱“昊天金闕無上至尊自然妙有彌羅至真玉皇上帝”,主宰天地宇宙的神,超自然的最高的神,代表天或者等同于天。

④伏魔大帝:伏魔大帝是關羽封號,爲帝王與民間所推崇供奉。明神宗萬曆四十二年,封其爲“三界伏魔大帝神威遠鎮天尊關聖帝君”,從此關帝廟、伏魔宫遍及全國。

⑤丕冒:猶言廣被。

⑥輪奐:形容屋宇高大衆多。

⑦崇閎:高大宏偉。

⑧昭事:指祭祀。

爲勘明纍據縷叩恩斷事。身以堵道罩占控高廟趙道士一案。蒙諭坊主詣勘,本月初十日坊主遵帶兩造[1]親詣高廟山門内,搨取[2]嘉慶十二年碑記。趙道士面稟廟南豆棚係伊業。坊主比詣豆棚,親看見有文昌閣舊碑兩座,諭令一并搨呈憲台在案。查文昌閣舊碑兩座現在豆棚之内,是豆棚即係閣基確據一也;閣碑載高廟門外水窪空地,無人管業,填土築基爲惜字公所。查閣建自康熙年間,身業買自前明中間,失業至雍正八年始經孫憲斷結原主。是築基建閣之日正身主失業之時，閣基委係（身）業確據二也；又閣碑載閣基後簷離高廟之南約有三丈餘，趙道士所呈高廟交單内載南至大道，涇縣義塚碑亦載北至官道，是大道的在高廟山門之外確據三也；嘉慶十二年高廟碑載山門外添造照壁，築泊岸甬道，是大道顯被高廟堵占確據四也；閣碑載基係空閒官地工[③]用，係諸縉紳凑集，與高廟無涉。廟自廟，閣自閣，恐妄認爲高廟世業。經兩坊看明，取具高廟道士切結等語。今趙道士呈到高廟交單并無閣基字樣，而現在豆棚房屋概係道士收租。褻棄帝君神像，并不焚燒字紙，是閣基顯被道士占没確據五也。似此鐵據纍纍，應照例折毁還官給主。（身）主等仰體憲德寬仁，俯念修廟善士被朦，添造非出有心，芽豆小民或至失業，又甬道旁多瘞新塚未便押遷，可否仰邀憲恩，將閣基斷令入官。飭查[④]豆棚間口充公，不致再任添造，并飭現住各户輸租入官。抑或另募住持檢燒字紙。（身）主等仍願于豆棚之南讓出餘地三丈補還官道，以清界址。爲此縷叩大憲恩賜電核斷，立硬界以懲奸占，以全善舉。公侯百代。上禀。

①兩造：指訴訟的雙方，原告和被告。

②搨取：在刻鑄有文字或圖像的器物上蒙一層紙，捶打後使凹凸分明，塗上墨，顯出文字圖像來。

③工：同“公”。

④飭查：命令下屬調查。

附：載原建文昌閣始末碑記

文昌閣首事[①]貢監生葉聖選、陳載、柴宗造、虞相、劉鴻基等承攬高廟住持翟一鑑。蒙北城兵馬司爲呈明敬神惜字募貲建閣緣起，懇恩批勒石以便交付管理永久不廢事。康熙十二年三月二十一日奉巡視本城察院批據，貢生葉聖選等呈前事詞稱切。選等向讀文昌帝君惜字寶訓，見京師街衢穢棄字紙甚多，于順治十四年集同志各捐貲購取焚化于阡兒胡同高廟文昌聖像前。至順治十八年,定聚銀生息之舉。行之又經十年,相得本廟門外有水窪空地,從無人管理納糧,遂呈明宛平縣情願填土築基爲惜字公所。俟功完之日入册輸糧,經前任宛平縣楊　批准。印照可驗。其閣基離高廟大門之南約有三丈餘,建文昌閣上下六間,又蓋造左右廊房三十間,門樓六間,安歇各省舉貢監生人等。取其房租以便購買字紙,每月二次焚燒,永久不廢。但基係空閒官地,原非高廟所有;工用之資係會衆募化諸縉紳逐漸凑集,亦與高廟無涉。廟自廟,閣自閣,營造止爲惜字,取租要在購紙。若付托非人,但圖坐取租利,不以購焚字紙爲重,不獨非選等敬字初心,亦負諸縉紳大人義助本意。今選等工役已完,即可謝事[②],而惜字造房收租緣由未經呈明,恐日久無憑,妄認爲高廟世業,後難分辨,爲此詳陳始末,伏乞憲台察明鈞批,准許勒石垂久。此閣專主惜字,嗣後交人管理取租,不容自利。購紙務須專勤。從此千百年敬惜字紙,有裨文治不淺矣。激切上呈,等因三月二十一日蒙批,敬神惜字,募資建閣誠爲美事。又有水窪空地納糧,築基蓋房俱係募化諸縉紳共成之,取其房租以爲購化字紙之用。仰該司同二坊查明地基房數,并將高廟界址確報,以憑存案。仍令勒石垂久可也。等因蒙此遵同兩坊親往高廟查得造房基地原係空閒水窪官地,不在高廟地基之內,離高廟大門三丈有餘,高廟大門外原有向東走路,今高廟道士見閣前廊房造成,將廟前原有大門拆毁,又將向東走路斷絶蓋造房屋,直接文昌閣後簷,欲混而爲一。從文昌閣下行走并承攬閣內之事,久將自私自利,而惜字之功德泯矣。若令閣自閣,廟自廟,須折去阻塞房屋,仍前向東出入,將閣後門堵塞,庶免并吞之患而惜字之功德可垂永久。閣內召募良善或僧或道住持專主燒字之事可也。今蒙前因,理合具文粘原批并甘結承攬批照附卷呈報。等因據甘結狀上高廟道士翟一鑑,今于與結狀事奉結。得上高廟地基直至文昌閣後簷爲界,後簷以前俱係敬文會中蓋房地基,兩相界址分明,中間不致冒結,所結是實。康熙十二年四月初三日呈結狀道士翟一鑑押,四月初九日蒙巡視北城察院批。據該司坊查明取結文昌閣與高廟地界分明,但閣歸何人管理,則所建房屋討租焚化字紙即應責以承領。事關永久,貢生葉聖選等與道士翟一鑑公議合同立約存案,仍令勒石垂後,先將合同報院定奪,其果否入册輸糧,及道士有無原契一并申説明白回報。等因蒙此遵查看得承領文昌閣房租燒字,葉選聖等與道士翟一鑑業已公同議得交付翟一鑑管理。如果盡心任事,俾其永遠承領;如或浪費租銀有始鮮終,即另行召募管理。立有合同議約爲照。至原買地契一紙,并無印信,其爲僞契無疑。若入糧之事葉選聖等已呈明,宛平縣經現任曾知縣批,衆紳衿[3]捐資建閣以爲惜字紙之用。又經前縣批准自應照舊,但無入册輸糧之例,且地方係城上所轄,赴本城察院呈明遵行勒石可也。今蒙前因,理合具文粘同原批并公議合同呈報。等因據具承領房租包燒字紙。上高廟住持翟一鑑:今有敬文會衆位老爺因遵文昌帝君惜字寶訓,于順治十四年建敬文會,各捐錢購收焚字紙。自康熙十年爲久遠計,即在本廟前各捐奉修蓋文昌閣及左右廊房、耳房并門樓,上下共四十二間。每月取其租税,以爲買紙之費。今衆位老爺就近即托住持管理。住持亦欲焚修,甘心承領包焚字紙。如房租偶有欠少,住持情願那[挪]移[4]凑發,俟有餘日扣算。倘房租有餘,則貯公所,以爲一年香燭錢糧及修理房屋之費。議定每月初二、十六日各焚字紙五百觔[5],一月兩期,共焚字紙一千觔。不敢少欠,以致廢馳及褻瀆清規,以負衆位老爺付托之心。如有違犯任從另招别住。所有條例詳在交盤簿內,立此承領契約存照。康熙十二年四月　日具承領包燒字紙上高廟住持翟一鑑押。見攬焚紙人:胡忠。四月二十一日。蒙巡視北城察院批文昌閣既以後簷[檐]爲界,翟一鑑之黑契無憑。祇因廟閣相聯,一鑑願任敬神惜字之責,即照公議准令承管。但恐日久廢馳未便,令議約內諸生每期二人看焚,將所焚穢棄故紙觔數,道士具結,諸生書名畫押交與道士。點卯之日報院查照,如有違怠,仍另招道士居住。該司坊將原批原議再取勒石,碑文一并存案。永行諸縉紳惜字之善意可也。

①首事:指出頭主管其事的人或頭面人物。

②謝事:辭職;引退。

③紳衿:紳,紳士,有官職而退居在鄉者;衿,青衿,生員所服,指生員。泛指地方上體面的人。

④那移:挪借移用。

⑤觔:"斤"的异体字。

敬文會條約四則

一、閣上神聖所居,理宜肅清。不許縱閒[閑]人在上飲酒喧嘩及閣下通行騾馬以致褻天神。

一、房租除閣下三間、廚房十間不賃外,閣前六院每月租銀二兩;一院兩耳房每月租銀八錢一間;門房每月租銀七錢一間;茶錢每間銀二錢,爲添補各房傢伙并給守門人役工價,毋得多取。

一、紙價議定每觔銀壹分,每百觔焚燒埋灰銀貳分。必司會者到,當面秤算焚化。倘遇風雨,另期會焚,如會中人不見者不算。

一、賃房自讀書候選人外,雜項人等毋許招納,致瀆神聖而亂清規。

康熙十二年歲次癸丑七月巡視北城察院賀爾渾、孟熊飛、魏象樞,北城兵馬司指揮林堯英、副兵馬程宗濂,宛平縣知縣署大興縣事曾大升,吏目朱國英;敬文會首葉聖選、陳名載、葉振甲、劉鴻基、吴文肇、徐孫森、虞名相、陳大經、柴宗造仝立。

察院批斷與告示

欽命巡視北城察院佟、周批斷。查涇縣義塚自前明中間修整乏人，湮没多載，至雍正八年有該縣舉人吴嶺控，經前任孫府尹斷給管業[①]出示存案并有石碑可憑。文昌閣建于康熙年間，原係焚燒字紙公舉，與高廟無干，亦有案據。碑記高廟于嘉慶十二年重修，增造照壁已有占據官道之處，乃該高廟道士趙合亨因文昌閣日久傾圮，無人經理，即改作豆芽棚取租肥己，已屬不合；復欲于文昌閣南任意侵占，指涇縣義地爲廟基，不許涇縣修理，率衆阻撓，更爲強横。折責示懲，具結完案。所有豆棚暫行取租入官，仍另招募善良僧道管理焚燒字紙之事，以復善舉。涇縣義塚即以文昌閣爲北界，除留餘地補還官道外，建立界石以杜爭端，并出示曉諭。如有不法奸徒再行侵占，即按法重懲不貸。嘉慶二十四年閏四月二十四日

欽命巡視北城察院佟、周：爲出示曉諭勒石垂遠以杜侵爭事。照得安徽涇縣義地在本院所屬之阡兒胡同迤[②]南，因取土培塚被高廟道士趙合亨攔阻，經涇縣長班龔德升具控在案。本院飭坊查勘稟覆并硾印文昌閣等處及該義地各碑文呈驗。今案四至考之義地北界直至高廟山門之外，即文昌閣故址亦係義地界内，現被高廟侵占私改豆棚。兹據長班龔德升呈明，情願將文昌閣基址輸官充公，并于閣南讓出三丈補作官道等語。查該廟侵占義地及文昌閣房屋，自宜治以應得之罪。將道士趙合亨責懲取結存案，除飭坊將租住文昌閣房屋之豆芽作坊人等暫行收租，另募淳良僧道住持管理焚化字紙，以全善舉外，合行出示曉諭爲此示仰涇縣首事及高廟道士并附近居民人等知悉。所有涇縣義地現在飭量界址，南面自東至西横計八十九丈，北面自東至西横計四十二丈，東面自南至北縱計六十五丈，西面自南至北縱計七十九丈，應聽涇縣首事周圍勒石清界以杜侵占。嗣後如再有棍徒[③]侵占以及挖土砍蔭作踐等情一

經稟報，定即從重懲治决不寬貸。將此勒石以垂永久。各宜凛遵毋違。特示。嘉慶二十四年閏四月二十九日示

①管業：管理產業；管理事務。

②迤：延伸，向（南一帶）。

③棍徒：惡棍，無賴。

呈請豆芽棚租利撥入栖流所文

具呈兵部侍郎吴芳培、編修朱琦、吴敬恒，刑部郎中朱德懋、刑部主事翟發宗，候補知縣朱一慊、吴燮，舉人包世臣，抱告長班龔德升爲陳情叩示事竊。（職）等籍隸安徽涇縣，本縣有義園一所坐落憲治阡兒胡同南口窪內。上年夏初公同修理，高廟趙道士覃侵攔阻，當遣長班龔德升稟明前院憲。蒙委坊踏勘并拓出豆棚內碑摹，始悉豆棚即係閣文昌閣舊址，其高廟廟境以山門爲止。山門外有大道一條寬三丈餘，大道南爲文昌閣，閣基本在涇縣義園界內。并載廟自廟，閣自閣，兩不相涉等語。當蒙前院憲訊明飭龔德升將豆棚領回管業。（職）等因無爭利之意，旋即呈明高廟照牆泊岸甬道係嘉慶十二年添造砌斷走路，本當折牆以還官道，姑念成功不毁其。豆棚係義園界內，情願輸官[1]，取租充公。并于豆棚土臺之南讓出園地三丈，補還官道。即蒙前院憲訊結將趙道士責逐，給示訂界立碑在案。本年九月高廟張道士具呈憲案，蒙傳龔德升堂訊，奉諭張道士意欲請領豆棚募化，仍建文昌閣前院，將豆棚租利撥入栖流所[2]贍濟孤貧。今張道士募建文昌閣，同係善事等諭。（職）等念豆棚既已輸官，自應聽大憲裁示，然重建文昌閣工程浩大，難保非趙道士唆張道士出頭，以募化爲名領回豆棚，仍據租利以饜[3]慾壑，暗翻前案。且現奉前院憲將租利撥入栖流所養濟孤貧已屬現

在善事,(職)等合邑無不悦服感佩。況閣基本與高廟無涉,尤未便聽其牽混[4]。與其賞給道士祇供一人之取攜,孰若周濟窮黎,永作百年之功德。爲此瀝情顧籲[5]懇電仍照前案將豆棚租利永遠撥入栖流所。以杜覬覦,不致再滋後患,實爲恩便,望光上呈。嘉慶二十五年九月二十九日。

批:豆芽棚租息歸司入栖流所,養濟窮黎之用,與高廟僧人無涉。

---

①輸官:向官府繳納。

②栖流所:清代管理流浪乞討人員的專門機構,類似于今天的救助管理站。

③饜(yàn):指吃飽,滿足。

④牽混:牽連混雜。

⑤籲(yù):爲某種要求而呼喊。

具呈爲請示勒碑以永憲德而杜後患竊。(職)等于本年九月二十九日以陳情叩示等情呈明憲案,比蒙提集抱告龔德升及高廟張道士堂訊。奉諭豆芽棚基址本在涇邑義園界內,與高廟全無干涉。前據涇縣紳官呈明,將豆棚入官收租充公,已經前院撥入栖流所,贍濟窮民。今又據該紳官等呈請永遠歸入栖流所,不得聽張道士飾嗣覬覦等情前來,張道士如再希冀豆棚租息及有不法别情,即聽龔德升禀究等因。(職)等合邑無不感頌。惟是該豆棚每年所入租息爲數頗多,非奉示勒碑難保該道士不日久玩生[1],仍復垂涎。爲此瀝情伏叩電情給示,并將撥給何街巷栖流之處一并明晰宣示。(職)等得以遵照勒碑。則高廟道士不能再生妄想,而栖流所窮黎亦得永沾憲德,(職)邑義園界址更無侵占之患。公恩兩便,戴德上呈。嘉慶二十五年十月十九日。

批:仰司准其出示。

---

①日久玩生:日子長久了,種種弊病便相繼發生。玩,忽視。

具呈爲陳明豆棚間數懇准載入告示以杜轇轕[1]事竊。(職)等以陳情叩示等情呈明憲案,蒙批仰司准其出示。(職)等合邑無不感激。唯查該豆棚被高廟占收租息多年,此次蒙恩撥入栖流所養濟窮黎,租入稍多則恩德更廣。租憑房出,(職)等查明該豆棚共三十三間,俱在文昌閣廢址之內。現在賃住居民,(職)等未便過問。伏乞恩准飭司查傳該賃户,取摺收租,永爲栖流所濟貧之用,并將間數載明示內,曉諭附近人等。使高廟住持日後不敢再生葛藤。實爲恩便,望光上稟。嘉慶二十五年十二月初四日。

批:仰司傳賃豆棚人等到案下城帶。

①轇轕:糾葛。

具呈爲遵斷領業叩謝憲恩事竊。高廟前豆芽作坊實本在(職)邑義園界內。前因迷界失業,被高廟趙道士占收租息。于上年夏間控,經前憲訊明,將趙道士責逐,(職)等當即呈請將該作房入官充公在案。本年秋間,接住高廟張道士又復垂涎房租,奉經大憲傳提(職)館長班龔德升與張道士質對,并提齊該作房賃户人等疊訊,明確斷歸(職)館原業主執業收租。取具該賃房李三、馮文輝等切結[1]。飭(職)館領業。(職)等謹遵堂諭具領[2]。叩謝憲恩。上呈。

具領:吴芳培等爲遵斷領業事。今領到:大人台下訊斷高廟前豆芽作房三十四間,係(職)館原業。賃户李三、馮文輝等十五家每月除扣修費外,實交(職)館房租京錢十二千四百六十文。(職)等遵斷領業收租。所具領狀是實。嘉慶二十五年十二月二十九日。

批:附卷存案。

①切結：古語詞彙，有"協議書、聲明文件、證明文件"等多個含義。

②具領：向主管或有關方面備文領取。

察院斷豆芽棚歸原業主執業告示

欽命巡視北城察院松、張爲曉諭事。照得千兒胡同南口外高廟前豆芽棚一所，據高廟住持張道士呈請領回豆棚，募建文昌閣到院案。查嘉慶二十四年高廟前住持趙道士藉廟霸占，收取豆芽棚租息。經前院飭司搨取碑摹提同涇邑會館長班龔德升訊明，該豆棚本在涇邑義園界內，實非廟產。當據涇邑紳士呈請入官，收租充公。經前院訊斷，將趙道士責逐，飭內坊暫行收租充公在案。兹據前情，本院提同龔德升并賃住豆棚之李三等到案與張道士質訊，并據涇邑紳士呈豆芽棚并非廟產，情願撥入栖流所永遠養濟窮黎，不能歸于高廟，遂其藉公濟私之欲等情前來本院。查栖流所自有公項動用未便准撥。該豆棚既訊明確係涇邑義園界內，自應斷歸原業主執業。除取具該賃户李三等遵訊按月向涇邑會館交租切結備卷外，合行出示曉諭。爲此示仰該地方居民及賃户人等知悉，如有附近棍徒垂涎霸占，以及該賃户抗租不完等情，許該館長班指明稟院，以憑究處。各宜凛遵[①]毋違。特示。道光元年正月十九日示。

①凛遵：嚴格遵循。

此領回豆棚收租執業始末：經北城察院委兵馬司指揮汪勘明，東西房共三十四間，并取具租户李三、馮文輝、段胡文、謝九江、龍世安、尚執中、高瑞、葛鴻聲、張繼堯、吴安輝、王復元、葛達、楊勇智、宋克望、谷義美計十五家供結租約存案。每月扣去修理，净交京錢拾壹千肆百陸拾文。公議即爲義塚修理雜費，不入會館存項支收。

又，前二十二年結存漕平紋銀壹百零陸兩捌錢叁分，歷年生息，除每次支用另有細帳載簿，結至道光二年九月，實存漕平紋(銀)壹百叁拾陸兩叁錢貳分。又吴大業續捐錢，除支用净存大錢肆千玖百叁拾文；本年新捐大錢伍拾叁千，(除壹千五百文)燒帋，共大錢伍拾陸千肆百叁拾文，作漕平紋伍拾兩零叁錢捌分，合前銀實共漕紋壹百捌拾陸兩柒錢。林一號領去申息。領字存匣。

皮棚租字(補刻)

立租字：三盛號蓬萊縣人季孔文今租到涇縣會館名下阡兒胡同口南義地房屋西邊四間。是(身)租受做皮作坊，每月上租息京錢七百文，其錢按月憑摺支取，其皮灶一盤言定不得在垣牆外起造。倘租息不清任從房主另租。此炤。

嘉慶二十一年季夏月　日立季孔文有押

立租字：公義號吴橋縣人王梓林今租到涇縣會館名下阡兒胡同口南頭義地房屋四間，是身租受做皮作坊，每月上租息京錢六百文，其錢按月憑摺支取。皮灶二盤言定不得在垣牆外起灶。倘租息不清任從房主另租。此炤。

嘉慶二十一年季夏月　日立王梓林有押

此二棚近已加租，另有租摺。

義塚承管

立字人葉必芳原係本邑人氏，今因闔邑會館公有義塚坐落阡兒胡同南口窪內，四至丈尺館録載明。其墳塚、樹木、房屋、蘆地係(身)承管，內有房四間，空院一塊給(身)居住。又皮棚每月撥租京錢三百文，正臘及閏月京錢壹吊七百文，并三面蘆租約京錢數十吊文，每年即給(身)收用，以作承管工食之資。自管以後，所有墳塚、樹木、房屋不得損壞，蘆地照界收管，不得隱匿頂靠[1]。如有等情，惟(身)是問，所有住房并各租聽任掌館諸位收回，另行招管，(身)無异説，此炤。

道光五年九月　日立字：葉必芳(手印)

仝男：茂(押)

盛(押)

---

①頂靠：轉讓或取得經營權或租賃權。

立看守承管字：葉必芳緣涇縣會館，曩有公屋一所計房四間，坐落阡兒胡同南口窪内，給(身)居住，看守義塚。今因房屋朽壞，闔邑諸位公同酌議動支公項拆舊更新。建造坐北朝南正房三間，東西厢房兩間，空院一塊，囤圍院牆完固，屋内裝修墁[1]砌磚坑俱全，仍舊給(身)居住，照前約給付看守工食。(身)係本邑人，責司看守，理宜益加奮勉[2]。嗣後如有看守不力以及舞弊不法等情，任從經公究處，另召看守，不敢延霸。立此存炤。

道光九年十月初四日立看守承管人：葉必芳(手印)

仝男：葉茂(押)

葉盛(押)

---

①墁：塗抹，粉飾。

②奮勉：發奮努力。

立字：葉必芳仝男、姪等因(身)看管闔邑義園，已于道光五年、九年間兩次立有承管字樣，刊入管[館]録爲憑。兹因(身)年老目瞽[1]，義園事情蒙闔邑諸位交派，身、男、姪等三人承管，以後仍照原立字據同心承管,不得有悮[2]。所有向給(身)家收用,三面蘆租及其餘錢文俱交男、姪等按三股分收,以作工食之資。立此存照。

道光十八年九月　日立字人:葉必芳押

男:泳青(押)

發青(押)

姪:長青(押)

①瞽:瞎。

②悮:同"誤"。

立看守字:葉長清前蒙本縣諸位將闔邑義園事情交派(身)叔必芳暨(身)堂兄等及(身)看管。迭經立字存匣,并刻入館録爲憑。現今(身)叔率(身)等堂兄等辭出,不能經管,(身)再三復懇,本邑諸位給(身)一人看管,俱照原立字樣,不敢有違。并議蘆租由本邑掌館召租,收得租錢除每年修整所住房屋外,餘俱給(身)作工食之資。從前皮棚所撥租錢,概遵裁革[1]。自管以後,所有墳塚樹木不得損壞,房屋不得私給外人居住,四面界址不得挪動;附近墳塚青蒿蘆葦時加清除,本邑上墳祭掃人等不得怠慢,亦不得另有違碍别情。倘有别情并不能實力照管,任聽掌館諸位即行驅逐,另行招管,(身)無异説。立此存照。

道光二十一年六月　日立字人:葉長清(押)

保人:母舅唐朝棟(押)

①裁革:裁汰革除。

義園皮棚新換租摺

立租摺人增合號,今租到涇縣會館名下坐落阡兒胡同南口窪內義地房屋壹所，計西邊房三間，東灰棚壹間。（身）租做皮作房，其皮灶不得在垣牆外起造。言定每月交租尨京錢玖百文。以前租錢俱已交訖，以後租錢按月憑摺支取。倘有交租不清等情，任從房主另租。立此新摺存照。

道光十八年九月　日立范泰（原三盛號季孔文）

（此棚租錢于嘉慶二十一年三盛號定交京錢七百文，後加京錢二百文，總計按月交租京錢玖百文。今換新摺，租錢仍是照舊）

立租摺人公義號，今租到涇縣會館名下坐落阡兒胡同南口窪內義地近東北角房屋一所，計北房四間，灰棚一間。（身）租做皮棚作坊。其皮灶向已訂明，不得在牆垣外起造。因本年九月間圈出垣地一丈有餘，將皮灶改移，仍靠牆內砌造。言定每月交租尨京錢壹吊捌百文。以前租錢俱已交訖，以後租錢按月憑摺支取。倘有交租不清等情，任從房主另租。立此新摺存照。

道光十八年九月　日立

（此棚租錢于嘉慶二十一年定交京錢六百文，後又加京錢二百文，今因折砌圍牆，圈出外地，換立新摺。又議加租京錢壹吊文，總計按月京錢壹吊捌百文。其本年九月所加之租錢壹吊，每凡正月、臘月、閏月俱歸館收，至看義塚人葉三之子姪，仍照前定之例，正月、臘月及逢有閏月只准按月撥收京錢捌百文）

新立議字

立議字涇縣會館潘芸閣等，今因我邑義塚之下石界內窪地，曩來承租人興樣蘆葦將租貲作爲看義塚人工食，近因看管人漫不經心，致令租地內蘆葦聽其延上高坡岸沿，并蔓及低坡墳上，兼之塚上蓬蒿滋長成樹，穿廢墳穴，殊堪痛恨！若不嚴加整頓，幾至棺骸暴露，于心何忍。除責令看守義塚人每年隨時芟除，并承租蘆地人隨長隨芟外，我邑掌館隨時留心稽查，并于蘆蒿新長之時雇人將蔓延蘆葦及塚上蓬蒿連砍三次，其雇工錢文即在蘆租內支用開除。我邑人等亦各于路過之便留心察看，倘有違礙，即行通知掌館商同設法整理。以期永保墳塚而安幽魂。并將此議刊入館録，永遠遵行。勿致日久視爲具文[1]。立此存照。

道光二十一年十二月　日立議字：潘芸閣等

闔邑在京諸位俱有押

---

①具文：指徒有形式而無實際作用的規章制度。

又議

一、男塚不得挨擠女塚。如係一家者，聽其自便，雖死亦有別焉。

一、本縣仆人身故，祇許坡邊下地掩埋。毋得豐塚高碑以占地面。如跟役係外邑人，更不得藉主人名目，以一縣義地徇私自便。

以上增議二條與刈蘆葦蓬蒿并行刊入館録，特書粉牌，懸挂看守義塚屋內，永遠存照。

梓蔭堂捐輸義園序

京都義園之設，所以篤梓誼，安旅櫬，使歿于斯者均蒙瘞葬之惠也。其一切經費向捐有公項存以備用。迨歷年既久，新故塚纍纍，費用愈大。各紙號于道光二十六年約同商議率由舊章[1]，按貨捐釐[厘]，任事者均踴躍樂輸，共襄斯舉。因湊銀若干設立梓蔭堂，輸權子母[2]。俾得稍助歲時祀奠，隨年修理之費，勉冀妥异地之幽魂不致歎若敖之餒而[3]。奈邇年[4]以來道路多梗，或間歲一至，或數歲一至，南北隔阻，照曩年按號挨領之例，實難經理。是以邀請掌館諸公酌議，將此項交托京都海岱門外頭條胡同六吉行領去暫行生息，立摺存據，俟來年再定章程，以垂久遠云。

咸豐六年十月　日各紙號公啟

①率由舊章：一切按照老規矩辦事。率，遵循；舊章，老法規。

②權子母：《國語·周語下》："古者，天災降戾，于是乎量資幣，權輕重，以振救民。民患輕，則爲作重幣以行之，于是乎有母權子而行，民皆得焉。若不堪重，則多作輕而行之，亦不廢重，于是乎有子權母而行，小大利之。"謂國家鑄錢，以重幣爲母，輕幣爲子，權其輕重而使行，有利于民。後遂稱以資本經營或借貸生息爲"權子母"。

③若敖之餒：若敖氏的鬼受餓了。比喻没有後代無人祭祀。若敖，指春秋時楚國的若敖氏。

④邇年：近年。

咸豐十一年義園呈請告示文

具呈。看義地人葉芬竊，（小的）看守安徽涇縣義地，坐落阡兒胡同迤南地方。嘉慶二十四年間，因高廟道士趙合亨侵占基址，經涇縣紳士老爺遣抱告長班龔德升具控，蒙前城憲飭坊查明四至界址，斷結管業，并准出示勒石以垂久遠在案。今因近年涇縣義地界内復有閒［閑］雜人等在彼作踐，并偷砍樹株，竊取蘆葦以及私挖黄土，侵占界址各項情事。爲此懇求大人恩准出示嚴禁并飭差役常川[①]巡查，俾義塚公地不致有前項情事，實爲德便。爲此上呈。

批：交内坊存案，并着飭差查拿送究，仍准出示嚴禁告示。

①常川：經常。

欽命巡視北城察院哲、朱爲嚴禁事。據看義地人葉芬呈稱，安徽涇縣義地坐落阡兒胡同迤南地方，嘉慶二十四年間因高廟道士趙合亨侵占基址，經涇縣紳士遣抱告長班龔德升具控，蒙前院憲飭查界址，斷給管業，并准出示勒石在案。今因近年義地界内復有閒［閑］雜人等在彼作踐，并偷砍樹株，竊取蘆葦以及私挖黄土，侵占界址各項情事，懇乞示禁等語，本城檢查原案與所呈相符，自應再行嚴禁，除本院飭坊存案并派役常川巡查，嚴行驅逐外，爲此示仰該處附近居民、往來行人知悉。嗣後爾等務須一體遵照，勿犯前項情事。倘再有不肖匪徒膽敢目無法紀，仍蹈故轍，許看義地人赴坊稟報，即仰坊飭差立刻鎖拿送院究辦。定將該犯等從重治罪，決不寬貸。各宜懍遵毋違，特示。

咸豐十一年五月　日

捐修義園啟

敬啟者。悲莫悲夫客死，痛歸櫬之無期；慘莫慘于露尸，嗟暴棺之可憫。此掩骼埋胔爲仁政所宜先而，聚腋成裘惟義聲所攸賴。吾邑曩有義園一區，俾旅亡者殯于斯，本爲暫厝以期歸正首邱[1]，詎意久淹遂致列如覆釜。及歲時之代謝，爲風雨所漂搖。水囓前和[2]，穴已鄰于魚鼈；夜眠塚上，食更慮夫狐狸。逝者如斯夫，足發羈栖[3]之感，掩之誠是也。宜興惻隱之心，迺[4]獨木之難支必衆擎而易舉。爰述梗概，敬告梓桑。所求各自解囊，人咸量力，毋曰古不修墓事[5]。貴因時百十金不爲多，一二兩不爲少，虆梩[6]雲集，蕲[7]鳩工之咸良泉壤[8]日安卜牛眠[9]之永吉，蚨飛[10]奏效馬鬣崇封[11]，此時瘞[12]旅有銘法文成之盛德，他日銜環作報[13]媲楊寶之休風[14]。是爲啟。

宣統三年仲春月

---

①歸正首邱：指死後歸葬于故鄉。

②水囓前和：水侵蝕了棺材。和，棺材兩頭的木板。典出《戰國策・魏策二》。

③羈栖：淹留他鄉。

④迺：同“乃”。

⑤古不修墓事：典出《禮記・檀弓》。“孔子既得合葬于防，曰：‘吾聞之：古也

墓而不墳。今丘也東西南北之人也，不可以弗識也。’于是封之，崇四尺。孔子先反，門人後，雨甚，至，孔子問焉，曰：‘爾來何遲也？’曰：‘防墓崩。’孔子不應，三，孔子泫然流涕曰：‘吾聞之：古不修墓。’”

⑥虆梩：古代盛土器。

⑦蘄：同“祈”。

⑧泉壤：猶泉下，地下。指墓穴。

⑨卜牛眠：指風水好的墓地，可使後輩發達。典出《晉書·周光傳》：初，陶侃微時，丁艱，將葬，家中忽失牛而不知所在。遇一老父，謂曰：‘前崗見一牛眠山汙中，其地若葬，位極人臣矣。”……言訖不見。侃尋牛得之，因葬其處。

⑩蚨飛：蚨，青蚨，傳説中的蟲名。《太平御覽》卷九五〇引漢劉安《淮南子·萬畢術》“青蚨還錢：青蚨一名魚，或曰蒲，以其子母各等，置甕中，埋東行陰垣下，三日後開之，即相從。以母血塗八十一錢，亦以子血塗八十一錢，以其錢更互市，置子用母，置母用子，錢皆自還也。”後因用以指錢。

⑪馬鬣崇封：墳墓封土的一種形式，亦指墳墓。

⑫瘞：掩埋，埋葬。

⑬銜環作報：典出《續齊諧記》第三：弘農楊寶，性慈愛。年九歲，至華陰山，見一黄雀爲鴟梟所搏，逐樹下，傷瘢甚多，宛轉復爲螻蟻所困。寶懷之以歸，置諸梁上。夜聞啼聲甚切，親自照視，爲蚊所齧，乃移置巾箱中，啖以黄花。逮十余日，毛羽成，飛翔，朝去暮來，宿巾箱中，如此積年。忽與群雀俱來，哀鳴繞堂，數日乃去。是夕，寶三更讀書，有黄衣童子曰：“我，王母使者。昔使蓬萊，爲鴟梟所搏，蒙君之仁愛見救，今當受賜南海。”别以四玉環與之，曰：“令君子孫潔白，且從登三公，事如此環矣。”寶之孝大聞天下，名位曰隆。子震，震生秉，秉生彪，四世名公。及震葬時，有大鳥降，人皆謂真孝招也。後世用以代指報恩。

⑭休風：美好的風格、風氣。

呈大宛清查官産分處請領部照文

具呈。吴培身、鄭錫章、徐紹烈、吴文璟等呈。爲呈請發給部照，以資保業事竊。（培身）等籍隸安徽涇縣，自明天啟乙丑年間價買民荒地一塊，在正陽門外阡兒胡同正南，即現今先農壇北面外右五區警察署管轄範之內，爲敝縣公共義塚。四至界限載在石碑，南面自東至西横計八十九丈，北面自東至西横計四十二丈，東面自南至北縱計六十五丈，西面自南至北縱計七十五丈。東至官道，西至官道，南至仁壽寺香火地，北至官道，共計地七十八畝五分。現因朝代遞更，年遠勢殊，原買契紙業經遺失，恐僅有碑載界址日久發生糾葛，是以遵章備文呈請貴處准照小塋地發給部照，以憑保業而便納糧輸差[①]。如蒙批准，自當遵章繳納照費。爲此謹呈京兆、大宛兩縣清查官産分處

①納糧輸差：完交税糧，納税。

義園財政部執照（離字第七六三號）

財政部爲發給執照事

今據京兆區域清查官産處會同財政分廳詳報，宛平縣人安徽涇縣會館義地住自行投報[①]承墾坐落外右五區、正陽門外阡兒胡同地方小糧塋地　項柒拾捌畝陸分　釐[厘]。情願升科納糧[②]。暫行每畝納糧銀二分，俟清丈後再行分别等則，按則納糧。經本處、廳查核數目尚屬相符。除由該縣登記承墾本字簿第拾壹册第貳柒頁第壹零貳陸叁號，并將該地四至丈尺分款開列外，應請先行發給部照，以資執業等情，據此合行發給執照。須至執照者。

計開

四至：東至官道，南至仁壽寺香火地，西至官道，北至官道。應納科額每銀一兩，折徵銀元大洋二元三角，耗銀在内。限于民國四年入册啟徵。合并遵照。

右[上]給承墾人安徽涇縣會館義地，准此。

中華民國四年十二月二十一日

（財政部印）　　（宛平縣印）

①投報：前往報告。

②升科納糧：明清定制謂開墾荒地，滿規定年限（水田六年，旱田十年）後，就按照普通田地收稅條例徵收錢糧。科，科稅。

京師警察廳爲注明事。今因開闢馬路，收用涇縣會館先農壇迤北義地，計東西長四十五丈，南北寬八丈，發給價款現洋六百元正，合按修改北京房地收用章程，于該最近執據詳注蓋印，以照核實而資查考。特此注明。

中華民國九年二月二十五日

（京師警察廳印）

每年在宛平縣完上下忙[①]糧，各納銀柒錢捌分陸釐[厘]。

①上下忙：清雍正十三年規定徵收田賦，分上下二期。上期從農曆二月開徵，五月截止，叫“上忙”。下期從八月接征，十一月截止，叫“下忙”。合稱“上下忙”。

京師外右五區警察署公函（民國八年）

逕啟者[①]。前奉京師警察廳訓令勸論，增收涇縣義地，地暇以備市政公所修築馬路等因。當與貴董事接洽商准收用，地暇寬八丈，酌給地價洋六百元。隨由署備文呈覆各在案[②]。嗣奉[③]指令，據呈報勸諭涇縣會館董事增收馬路應用地暇情形呈悉應給地價六百元，業如擬函達市政公所，仰[④]候撥送到廳，再行轉發，仰即[⑤]知照[⑥]，等因奉此[⑦]。旋[⑧]即知會貴董事，由區會同市政公所李調查員載立界樁在案。玆業將應給地價洋六百元領到，相應函請貴董事知照，并請迅即持該地契據來署結領價款可也，此致。

涇縣會館董事吴培身

---

①逕啟者：上行文開首的用語，下面接着陳述請求事項。多用于地位較低下級機關向上級機關的呈文。

②在案：常用公文詞語。指已經録入案卷，可資備查。

③嗣奉：謂繼前人而敬受。嗣，接着，以後。

④仰：命令。

⑤仰即：命令立即辦理。

⑥知照：將某事通知下級或人民。

⑦等因奉此：等因，結束前面所叙來文；奉此，歸結全文，并轉入引申段的用語。多用于引叙來文之後，起承上啟下的作用。

⑧旋：不久、很快地。

外右五區粘抄呈警察廳原文

呈：爲勸諭涇縣董事增收馬路兩旁應用地暇，并擬定價款具覆[①]事。竊前呈覆由[②]。市政公所擬修馬路，收用涇縣義地地暇并酌定價一案。奉[③]指令内開[④]呈悉。查該處展修馬路，原定計畫[⑤]尚需酌人行便道并栽種樹株，占用地暇寬度至少應須八丈，該署此次擬收該地南北寬度僅四丈有零，尚屬不敷[⑥]應用。合再令仰該署按照原定計畫應需占用地暇寬度丈尺，勸諭收用，另行擬定應予價款數目具報[⑦]候核。等因奉此。查前次擬收馬路地段，南北寬四丈零，職區亦知尚需留行人便道栽種樹株，四丈未免稍挾，恐有不敷，嗣以該馬路應用丈尺。當時市政公所未給標準，該董事吴培身人又固執堅不讓步，衹得以説定者先行具覆。兹奉前因[⑧]，當傳該董事到區商酌。適值回籍，無從酌定。日前聞該董事吴培身到京，復邀來署勸諭。該董事聲稱增收馬路旁應用地段四丈，連同馬路八丈，公家如作建築之用，官廳圖利，私人亦知圖利，絶不承認。以後如有建築，伊仍請收回，彼此訂立合同，附以條件，以資信守。若確爲修築馬路，此爲公共交通便利，事關公益，伊即應允。至展加四丈，應請價格增加，不得援照[9]前價等語。署長一再開導，謂前次南北收地四丈，給現洋三百元，彼此酌定；此次南北共展寬四丈比例，其何能超過三百元之數？刻下[10]無論先後，兩次南北共收地八丈，約計共地六畝零長，悉如前共給現洋六百元，毋得故持异議。至合同一節，官廳收地向章無此辦法，俟奉批准之後，由區行知該董事可也。若慮以後界限混淆，俟雙方勘明丈量，由市政公所樹立界石，各守範圍，以垂永久。再三磋商，該董事一律認可。所有勸諭涇縣董事增收馬路應用地段各情形并另擬價款是否有當，理合備文具覆。呈請鑒核示遵[11]。謹呈。

民國八年十二月二十日

①具覆：按照要求將某事辦理結果書面回復。

②由：緣由，情况。

③奉：接到上級的來文。

④內開：檔內容開列如下。開，如下。

⑤計畫：計慮，謀劃。古人計事必用手指畫，使其事易見，故稱。

⑥不敷：不夠，不能滿足。

⑦具報：上級要求下級將某事辦理結果書面上報。

⑧兹奉前因：按照上級來文的要求。

⑨援照：猶按照。

⑩刻下：現在，目前。

⑪鑒核示遵：過去公文用語，多用在文末，期望及目的語。鑒核，審察并核定。

呈京師市政公所文

呈：爲闔邑義塚，公懇俯予保全，以維公益而垂永久事。竊[1]敝縣于前明天啟乙丑年間價買丈地一片，土名坊阡兒胡同，坐落正陽門外正南，即現今先農壇北面，外右五區警察署管轄範圍之內，作爲敝縣公共義塚。四至載明,界限清楚。不料于前清雍正五年佃户任天爵串同旂民[2]劉起鳳侵占,經邑人吴嶺控追斷還,丈量給示勒石在案。南面自東至西横計八十九丈,北面自東至西横計四十二丈,東面自南至北縱計六十五丈,西面自南至北縱計七十五丈。埋有界石爲計。又有二百餘年矣。詎知民國四年竟在墳地中間填成馬路一道,占墳地横寬約計四丈餘,直長約計四十餘丈,致將墳地横剖爲二。事關市政未敢違抗,惟應否准予發價,未奉通知。近又將東北及馬路兩傍墳地樹標記明,填高一丈或八尺不等。似此標記,不知係何用意?此地敝館既有確定所有權,又爲闔邑數百年之義塚,未敢任令占用。如果公用確有必需,亦乞指示辦法,照章發價。仰[3]懇體念義塚爲慈善事業之一,格外加以保全。俾异鄉孤櫬得免湮没,感戴[4]鴻施[5],存殁永志矣。謹呈。

中華民國八年六月二十三日安徽涇縣會館掌館吴培身、陳秉鈞,董事王達、吴國光

---

①竊:謙指自己,私下。是下級在上級面前的謙詞。

②旂民:旗人。

③仰:舊時書信或公文中的敬語,多用于下對上。

④感戴:感激愛戴。

⑤鴻施:猶鴻恩。

京師警察廳布告(第八三號)

爲布告事。准市政公所函稱據涇縣會館董事吴培身等呈稱敝縣有公共義塚地基一塊坐落先農壇北面、外右五區署管轄範圍之内。詎于民國四年竟在該墳地中間填成馬路一道,計占地横寬約計四丈餘,直長約計四十餘丈。事關市政未敢違抗。近又將東北及馬路兩旁墳地樹標填高,不知係何用意?如果公用確有必需,乞

指示辦法照章發價等情。查:原呈所述占用該縣義地係民國四年計畫開闢虎坊、永安兩路,預備修築馬路之用。近用該路坑坎不平,重加培墊。惟該處馬路計畫已久,實爲香廠聯絡新華街要道,于城內一帶極有關係,自應賡續[1]進行。照章先行收用。兹既據該館董事等呈請前來相應函請貴廳查照,轉令該管區署轉知該具呈人等到區接洽辦理等因[2]到廳,當經令外右五區署遵辦去後,兹據[3]將接洽情形并繪具該地段形勢圖呈覆前來。查該處地勢極其窪下,每届夏令存積雨水,污穢不堪,亟應修治以保公共衛生。除指令該署將修路必須收用地段,照章酌定價款報廳轉覆請領外,合亟布告該董事遵照,并將未經收用地段即行設法修治,以保清潔切切。特此布告。

中華民國八年　月　日

總監吴炳湘

---

①賡續:繼續。

②等因:結束前面所叙來文,起承上啟下的作用。

③兹據:現根據……。兹,現在。

民國十五年翟健人掌館致外右五區署公函文

敬啟者。先農壇西北土名阡兒胡同,敝縣義地七十八畝六分,在南角原有界石一塊,不知何時被人偷移往北數丈,并聞有葉姓者蒙混呈請發給官契,已蒙貴署查明不准在案。(健人)于前清光緒十六年由南洋大臣咨送[1]到京,在總署同文館肄業。時常聞同鄉者到敝縣義園祭掃,踏看四址。據云:南爲仁壽寺香火地,其東南界石之南牆外有道路一條,因行人不走此官道,祇圖省便從弊縣義地穿過,故于東面界線開挖一溝,而迄今未能禁人穿過。本年午節前因有偷移界石前情,曾約同鄉京官十餘人踏看界址。該葉姓匿不出面,僅令婦人到場。當經敝縣義地界址指示明白,葉姓婦人毫無异嗣默認冒昧。當令看守義地長班將偷移界石起出,即日在溝道之南、官道之東北地方重復安埋。安埋該界石之日,貴署派巡長前來敝宅,聲稱案情貴署固已深悉,惟移埋界石一事須敝館董事寫一公函到署備案。健人雖被選爲董事,然敝館新章尚未議妥,迄未自認,今爲維持會館事實起見,重埋界石一事未可久延,相應將敝縣義地東南界址叙述,函達貴署并擬于本月十六日督同長班遷埋該界石。是日貴署應否派警監視?敬祈察核施行。此致

①諮送:謂移文保送。

又公函文

逕啟者。敝縣先農壇西北義地東南角界石遷還原處一事。(健人)曾于七月十一日將原界址及被人偷移情節函達貴署在案。十六日(健人)督同長班前往安置該界石,據高長班面稱派警監視一層貴署尚未據該段派出所查復等語,是以僅將遷還原處地點開挖一穴,以便貴署易于查勘。今逾兼旬[①],想該段派出所當已查復。(健人)以安置重要界石未可久延,應請貴署于指定安界之處速予指示,俾便安置以清界限而保館業。相應函達貴署即祈查照,早日見覆爲荷[②]。此致

①兼旬:二十天。兼,加倍。

②爲荷:感荷,感謝。

看守義園長班甘結

具甘結[①]字。義地長班葉文通今結得

涇縣會館館長台前,坐落阡兒胡同義地向歸(身)[②]世代看管。

此次報告京師警察廳丈量義地所有四至界限,均由(身)負責指明原有舊石界牌,眼同清丈[3],并無遺失與不行稟明等項情事。所具甘結是實。

中華民國十七年一月　日具甘結字葉文通(左二指手印)

---

①甘結:舊時交給官府的一種字據,表示願意承當某種義務或責任,如果不能履行諾言,甘願接受處罰。

②身:本人。

③眼同清丈:謂親眼看到詳細地測量土地。

北平市公安局批(字第六三號)

原具呈人涇縣會館董事翟青松等

呈一件報在涇縣義地補立界石請核准由

呈悉。當經[1]派員復查。該具呈人等所報地界多與民國八年前市政公所收用該處地時原圖不符,確有侵占糾葛。今該館董事等既願遵照民國八年原圖補立界石,多占之地不再爭持,并出具聯名甘結送案,應予照准。除行區外合行批示該具呈人等遵照。此批。

中華民國二十一年十二月七日

局長　鮑

---

①當經:公文用語。表示文到即辦,未稍停留的意思。當,同"即"字;經,表示一事件過去的經歷或經由。

義園加栽界椿記

吾涇明代鄉先達[1]在北平建設會館,爲生者謁選駐足之栖舍;

復購置義園，爲死者旅櫬[2]掩瘞之塋造。情至篤，義至周也。自明社爲墟，清室崛起，中間乏人照應，佃户任天爵毁墳侵占。至雍正五年舉人吴嶺訟復之，而西北隅界址已難規原狀矣。嘉慶時，高廟趙道士以文昌閣爲該廟之産，指鹿爲馬，連類鯨吞[3]。先達吴侍郎芳培、朱編修琦等起訴公庭，累訟經年[4]，方蒙北城察院踏勘界址，責逐道士，布告勒石，斷決歸還。而前人爲義塚之苦心已載在舊録中，無庸贅述。民國成立，市政公所將吾涇義園中間地畮開闢馬路，截分南北，不通知地主。值耆老[5]吴幼甫董理館事，赴義塚公祭，覩此情狀奔走呼告。同鄉一再計議，請領部照以爲執據，迭[6]向市政公所與警察廳外右五區交涉，繪圖説帖，方將占用義地六畝給領官價六百元。惟當時舊有界樁寥寥，未復加栽殊爲遺憾。該地邇近[7]香廠、警廳與市府，爲繁榮市面，培土填高四鄰，陸續建築，地價增漲。官庭視爲利藪[8]，附近居民群思蠶食。（紹烈）民國十六、七兩年濫竽館務，呈請補栽界樁，猶以内部意見參差中途而止。十九年董事會成立，惓惓于義園界址，翟君健人、王君介侯又復呈請加栽與四鄰接洽，誠恐有遺失之虞，未敢負責。今年由吴君棟伯擔任，與區署交涉，按照舊圖界址加栽石樁[9]，克蒇厥事。嗚呼！前事之不忘，後事之師也。願後人毋忘先賢之義舉，毋將當事之惰忽，從此留心不至被人侵削爲至要。爰述梗概，誌于篇首。

里人徐紹烈謹記

---

①先達：有德行學問的前輩。

②旅櫬：客死者的靈柩。

③鯨吞：像鯨魚一樣地吞食，多用來比喻侵吞土地。

④經年：經過一年或若干年。

⑤耆老：指年老而有地位的士紳。源于我國的鄉約制度。也稱“里老”“鄉老”。

⑥迭：屢次，連著。

⑦邇近：接近。邇，近。

⑧利藪:財利的聚集處。

⑨石椿:石器。

前外長巷下頭條涇縣老館房屋契照

立賣房契人楊震同弟楊霖、楊霑同孀母錢氏同姪楊宗元、楊住兒,因爲乏用,今將祖遺自置瓦房壹所、門面貳間壹過通到底肆層,連樓房上下共計大小房樓拾叁間半,前後通街,門窗户壁上下土木相連,坐落中城中東坊二鋪,總甲楊魁地方。今憑中保人王吉、吕臣恩説合,情願出賣與涇縣會館名下住坐,永遠爲業。三面言定,時值賣房價銀壹百貳拾兩整。其銀當日同衆收足,外無欠少。自賣之後如有親族長幼兄弟子姪人等爭競[1],及指房借貸滿漢銀價并庫銀王債等情爭競者有賣房主同中保人一面承管。恐後無憑,立此賣房契永遠存照。

内有原房楊姓紅契一張,上首紅契一張(共計紅契貳張,買主收存)。

乾隆九年十一月　日立賣房契人:楊震(同孀母錢氏)

同弟:楊霖　楊霑

同姪:楊宗元　楊住兒

中保人:王吉　吕臣恩

左右隣:房牙[2]印

總甲[3]:(印)

代書:汪秀源(押)

①爭競:爭執,計較。

②房牙:官府認可的爲買賣雙方從事説合磋商并收到一定傭金的中介。

③總甲:元明以來職役名稱,十甲之長。明清賦役制度,以一百十户爲一里,里分十甲,總甲承應官府分配給一里的捐税和勞役等。

附：長巷下頭條涇縣老館房屋圖

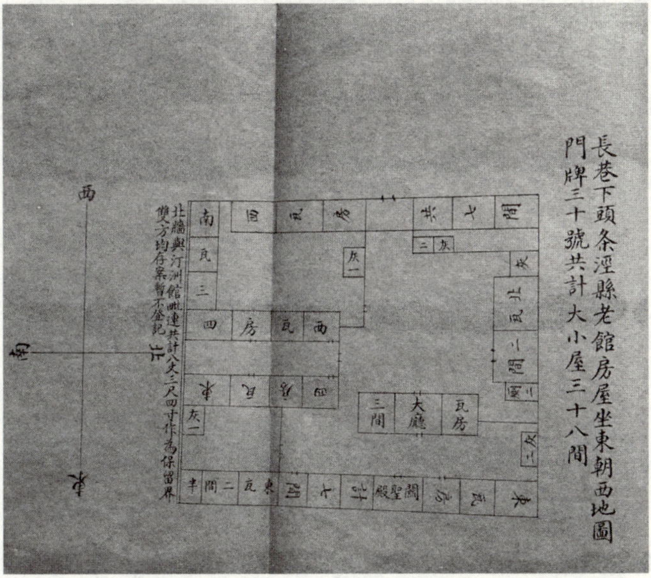

左右翼牲税徵收局遵照(中華民國三年六月廿七日)

財政部劃一契紙章程。無論已税、未税之舊契均應呈驗注册，加給新照。如不呈驗于訴訟時不能作爲憑據等因。今據涇縣會館呈驗已税舊契一件，計房拾叁間半，坐落中城中西坊二鋪地方，原買價銀壹百貳拾兩。既經納税，自應加給新照，以爲呈驗注册之憑證。此照。

天字九百八十四號

函京師地方審判廳登記處底稿

爲聲明事。民國十五年三月十九日奉貴處通知，汀洲館代理人爲因長巷頭條會館牆界爭執一案飭[1]即到廳，聲明意見等語。查涇縣會館與汀洲館連界之牆下半截實屬敝館所有,汀洲館加蓋上半截牆,覆以鉛板造成房屋。前經敝館遵例登記附呈縣志,節經貴處派員調查丈量查看數次,并傳代理人前後訊問,據實呈述數次。敝館在京同人亦節經開會討論,確鑿無疑。後以兩館毗連已閱數百年,顧全鄰誼,隱示[②]讓步,作爲公用。詎意敝館讓之再三,而汀洲館進而不已,但以毫無根據之語强行爭執,殊失息事睦鄰之義。貴處主持公道,惟有仰懇秉公登記。如汀洲館有意爲難,請即飭其限期迅行起訴,由法庭解決。庶公道常存,不獨貴處可保威信,敝館牆界亦得保全。特此聲覆。此呈。

---

①飭:命令。

②隱示:暗示。

附:抄登記處通知

爲通知事。前據該代理人結稱。今結得代理聲請登記之外左一區長巷下頭條三十號涇縣會館房屋關于東界水道及牆址部分,將來如發生糾葛,自願負責解决,請求暫予一并登記此結等語。嗣經通知汀洲會館代理人張選樓到處。該張選樓對于節各節聲明否認,并據呈稱爲聲請速行登記,以維威信而全權利事。竊敝館所有外左一區下頭條三十一號、二條三十二號産業曾于上年春間依法登記,其西界水道及牆身、牆地本屬敝館所有,毫無問題。詎涇縣會館出而爭執,迄于今日尚未解决計,自去年迄今,敝館應貴處訊問者不下七八次,請求履勘及丈量者數次,并提具館志丈尺備案。所有疑點應可袪除,而涇縣館毫無証據,理屈詞窮及始終出而妨碍,不識是何居心?特懇貴處本其職權依法登記。涇縣館若不服,請其限于一星期内起訴在法庭解决。庶貴處威信可以維持,而敝館權利亦得保全也等語。合行通知該涇縣館代理人知照。希于一星期内聲明意見,以憑核辦。特此通知。

此案經年未曾解决,難以久懸。至十七年一月雙方重行出結,登記處發給登記証明書完案。

切結

爲出具切結[①]事。今結得竊代理涇縣會館聲請登記之外左一區長巷下頭條三十號房産。關于本房東界與東鄰汀洲會館毗連,牆界水溝因聲請登記發生异議,爭執數年未决。兹經雙方代理人商洽同意,暫將該毗連界所有下牆後簷及水溝部分共長八丈三尺四寸作爲保留界,雙方對部分均暫不登記,一俟確實証明歸何方所有時,再由何方另案聲請將該部分補充,以期簡捷而資確實。爲此雙方共同出具切結存案備查。此結。

中華民國十六年十二月二十二日

具結人:涇縣會館代理人　王鈞

汀洲會館代理人　謝履讓

---

①切結:古語詞彙,具有今"承諾書、保證書、證明文件"等多個含義。

京師地方審判廳登記處登記證明書式

不動産登記證明書

登記人姓名:涇縣會館

登記號數:不動産登記簿第八册第二三六號

收件年月日及號數:中華民國十四年五月八日收件第九九四號

不動産之標示:基地實勘一畝三分四釐四毫,坐落外左一區長巷頭條三十號,住房一所,共計三十八間。

登記標的:所有權保存登記

權利先後欄數:所有權部第一欄

登記年月日:中華民國十七年一月十二日天字陸貳陸玖號

附注

老館登記房屋,此次繪圖現有間數與契不符結果。特別聲明文曰如左[①]:房間較契紙所載數目多出原因,係税契後零星添蓋。除一面照章補税外,請准按照現有間數先予登記,特此聲明。

十七年一月九日呈登記處説明,王鈞注

---

①如左:古人書寫順序爲從右到左,相當于現在的"如下"。

涇縣新館契據

立賣房契人佟受軒,今將自置房屋三所,瓦房灰棚門樓大小共六十九間半,門窗户壁上下土木相連,蓮池、土山花果樹木週圍大牆俱皆在內。坐落南橫街張相公廟南口外路北,憑中説合情願賣與安徽省涇縣人作爲涇縣會館,言明賣價實足市秤紋銀貳千兩整。其銀當日交足不欠,自賣之後永斷葛藤。倘有親族隣居爭競者,蓋在賣主、中人一面承管。恐後無憑,立此賣契永遠存照。

上首紅白契一張,上上首紅白契念一張,契稿在內

計開:大小門樓四間、瓦會大小正厢房共四十二間、灰棚廿三間半

嘉慶十八年四月廿五日立賣契人:佟受軒(押)

中保人:于沛初(押)

契尾:布字五百九十號

驗契執照

左右翼牲税徵局遵照財政部劃一契紙章程:無論已税、未税之舊契均應呈驗注册,加給新照。如不呈驗,于訴訟時不能作爲憑據

等因。今據涇縣會館呈驗已稅舊契一件,計房六十九間半,坐落南横街張相公廟南路北地方,原買價銀貳千兩正。既經納稅,自應加給新照,以爲呈驗注册之憑証。此照。

天字九百八十九號

中華民國三年六月二十七日

上首契王家棟賣與曹　舊紅據一紙(順治十六年二月　日立)

上首契曹文郁賣與句　舊紅據一紙(康熙三十年二月　日立)

上首契甯輯五賣與王　舊紅據一紙(乾隆二十一年十一月　日立)

上首契句德峻賣與王　舊紅據一紙(乾隆二十一年五月　日立)

上首契寇國棟賣與屈　舊白據一紙(乾隆三十二年正月　日立)

上首契寇國棟賣與陶　舊紅據一紙(乾隆四十二年三月　日立)

上首契王世臣賣與呂　舊紅據一紙(乾隆四十二年二月　日立)

上首契寇國棟補稅　舊紅據一紙(乾隆四十五年九月　日立)

上首契寇國棟賣與劉　舊紅據一紙(乾隆四十五年九月　日立)

上首契寇國棟賣與劉　舊紅據一紙(仝上)

上首契王文財賣與孟　舊紅據一紙(乾隆五十九年四月　日立)

上首契李瑞儒賣與陳　舊紅據一紙(嘉慶三年十一月　日立)

上首契陳錦堂賣與李　舊紅據一紙(嘉慶四年三月　日立)

上首契李景元投稅紅據一紙(嘉慶九年十二月立)

仝上

上首契李景元賣與佟　舊紅據一紙(嘉慶十年八月　日立)

上首契包聲遠賣與孟　舊紅據一紙(嘉慶十年七月　日立)

上首契李張氏賣與呂　舊紅據一紙(嘉慶十二年五月　日立)

上首契劉李氏賣與佟　舊白據一紙(嘉慶十二年六月　日立)

上首契孟祥田賣與佟　舊白據一紙(嘉慶十二年八月　日立)

上首契藍立柱賣與佟　舊白據一紙(嘉慶十二年十二月　日立)

佟受軒收付字據一張

立賣房契人佟受軒，今將自置南横街中間堂子胡同對過路北小胡同内路東瓦房五間，後有落地一塊，門窗户壁俱全，上下土木相連，憑中説合情願賣與安徽省涇縣人作爲涇縣會館，言明賣價市秤實足紋銀貳百伍拾兩整。其銀當日交足不欠，自賣之後永斷葛藤，倘有親族鄰居爭競者盡在賣主、中人一面承管，恐後無憑，立賣契存照。

此房上首紅白契紙共七張（内有張姓分單一張）。

計開南層房貳間半、北層房貳間半

嘉慶十八年四月二十五日立賣契人：佟受軒（押）

中保人：張緒先（押）

契尾：布字五佰九十一號

驗契執照

左右翼牲税徵收局遵照財政部劃一契紙章程：無論已税、未税之舊契，均應呈驗注册，加給新照。如不呈驗，于訴訟時不能作爲憑據等因。今據涇縣會館呈驗已税舊契，計房五間，後地一塊，坐落南横街堂子胡同北小胡同内路東地方，原買價銀貳百伍拾兩正。既經納税，自應加給新照，以爲呈驗注册之憑証。此照。

天字九百九十號

中華民國三年六月二十七日

上首契趙國壁賣與劉　舊紅據一紙（康熙五十四年三月立）

上首契劉有智賣與安　仝　上（乾隆二年四月立）

上首契安張氏賣與祝　仝　上（乾隆三十年六月立）

上首契祝姚氏賣與張　仝　上（乾隆四十年九月立）

（附上首張景川、張景山、張景泉分單一張）

上首契黄張氏賣與藍　仝　上（乾隆六年閏二月立）

佟受軒找契

立找契人佟受軒，今因南橫街中間路北房三所，共六十九間半，賣與安徽涇縣人作涇縣會館，除賣價銀外又找出實足市平紋銀貳千兩正。其銀亦當日交足不欠，恐口無憑，立契存據。

嘉慶十八年四月十五日立找契：佟受軒

中保人：于沛初

附圖：南橫街中間涇縣新館房屋圖

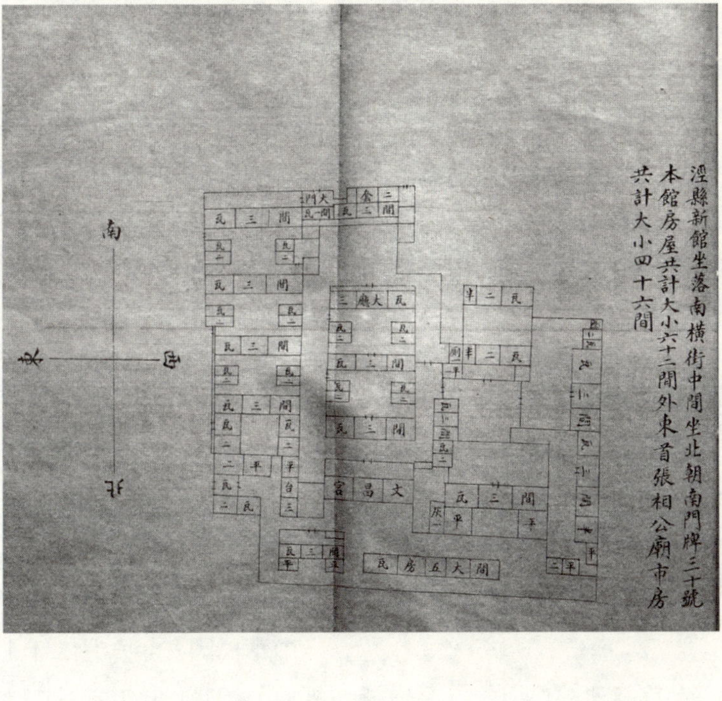

涇縣新館契據

立賣房契陸萼樓、陸雋叔，今將自置住房一所，坐落南横街南堂子胡同對過路北小胡同，原置瓦灰房五間，自添蓋三間，共房八間，隨房前後院落，門窗户壁俱全，上下土木相連，情願出賣與涇縣會館公名下永遠爲業，言明賣價京滿錢四百五十吊正。其錢筆下交足，并無短少，自賣之後，倘有親族人等競爭等情，有賣主一面承管，恐後無憑，立賣契存照。

此房有本身紅契一張，張姓白典契一張，上首邵姓白典契一張，上上首累落白典契七張，老紅契三張，共計紅白契十三張。均付買主收存。又照。

道光二十一年閏三月　日立賣契:陸萼樓　(押)

陸雋叔　(押)

居間:王白海　(押)

契尾(宛平縣第三百三十號)

驗契執照

左右翼牲税徵收局遵照財政部劃一契紙章程:無論已税、未税之舊契，均應呈驗注册，加給新照。如不呈驗，于訴訟時不能作爲憑據等因。今據涇縣會館呈驗已税舊契一紙，計房八間，坐落南横街南堂子胡同路北地方，原買價銀錢四百五十吊正，既經納税，自應加給新照，以爲呈驗注册之憑証。此照。

天字九百九十一號

中華民國三年六月二十七日

上首契謝錦典與韓　舊白據一紙(乾隆四十七年三月二十八日立)

上首契韓士鳳典與王　舊白據一紙(乾隆四十八年四月初八日立)

上首契王應岐典與胡　舊白據一紙(乾隆五十三年七月十七

日立）

上首契胡文煥典與邵　舊白據一紙（嘉慶二十一年七月　日立）

上首契邵　典與張　舊白據一紙（道光元年十月　日立）

上首契張祿　典與陸　舊紅據一紙（道光五年五月初十日　立）

又上首契李永茂典與呂　舊白據一紙（乾隆六十年四月　日立）

上首契呂典與胡　舊白據一紙（嘉慶二年十月十六日　立）

上首契胡典與黃　舊白據一紙（乾隆五十四年三月　日立）

上首契黃典與李　舊白據一紙（乾隆五十五年八月　日立）

又廢上首契寇　典與苗　舊紅據一紙（康熙三十三年五月　日立）

廢上首契寇　典與程　舊紅據一紙（康熙五十年七月　日立）

廢上首契寇　典與謝　舊紅據一紙（康熙五十五年八月　日立）

涇縣新館契據

立杜賣契李文英，今將自置南横街張相公廟南口外原買鋪面房二間，接排二間，上連椽瓦下并基地，裝修、門面俱全，憑中説合出賣與涇縣會館公中爲業。當日收足紋銀一百五十兩，其銀筆下交足，并無親族异言，亦無租押上首未清轇轕[①]其屋，聽憑執業。并將現租張姓房摺及上首紅白契五張交買主收存。恐後無憑，立此杜絶賣契存據。

計李名本身民紅契一張共計六張

道光二十二年八月　日立賣房契人：李文英　（押）

中保人：王永立　（押）

朱成　（押）

聶海　（押）

何杜武　（押）

契尾(宛平縣布字第五百陸號)

驗契執照

左右翼牲税徵收局遵照財政部劃一契紙章程:無論已税、未税之舊契,均應呈驗注册,加給新照。如不呈驗,于訴訟時不能作爲憑據等因。今據涇縣會館呈驗已税舊契一件,計房四間,坐落南横街張相公廟南口外地方,原買價銀一百五十兩正。既經納税,自應加給新照,以爲呈驗注册之憑証。此照。

天字九百八十八號

中華民國三年六月二十七日

上首契寇典與屈　舊白據一紙(乾隆三十一年九月十六日立)

上首契寇賣與李　舊紅據一紙(乾隆四十二年三月　日立)

上首契呂賣與李　舊紅據一紙(乾隆四十二年四月　日立)

上首契魁賣與李　舊紅據一紙(乾隆四十二年八月　日立)

上首契劉賣與李　舊紅據一紙(乾隆四十六年四月　日立)

上首契呂賣與李　舊紅據一紙(道光二十年十一月十六日立)

---

①轇轕:引申为纠缠不清。

涇縣新館契據

立賣房契人劉西齋,有自置數舊房一所坐落張相公廟南頭路西,共計瓦與灰棚二十二間。同中人朱、聶二位先生當面言明賣與涇縣闔屬以作公館,房價市平紋銀七百兩整。其銀業經付完,兩無反悔,日後倘有葛藤,有賣主一面承管。恐後無憑,立約存照。

原買紅契因遭雨水失落無存,日後尋出即爲故紙。

嘉慶十八年八月　日立

中見人:朱

聶勉旃

書契人:賣主親筆押

契尾(布字第五百九十三號)

驗契執照

左右翼牲税徵收局遵照

財政部劃一契紙章程:無論已税、未税之舊契,均應呈驗注册,加給新照。如不呈驗,于訴訟時不能作爲憑據等因。今據涇縣會館呈驗已税舊契一件,計房二十二間,坐落張相公廟南路西地方,原買價銀七百兩正。既經納税,自應加給新照,以爲呈驗注册之憑証。此照。

天字九百八十五號

中華民國三年六月二十七日

劉西齋找價契據

立賣房契人劉西齋,有自置䣢舊房壹所,坐落張相公廟南頭路西,共計瓦房與灰棚貳拾貳間。同中人朱、聶二位先生當面言明賣與涇縣闔屬以作會館,房價市平紋銀陸百兩整。其銀業經付完,兩無反悔,日後倘有葛藤,有賣主一面承管,恐後無憑,立約存。

嘉慶十八年八月　日立

中見人:朱

聶勉旃

書契人:賣主親筆

宣武門外米市胡同内兵馬司後街西口路北房屋契照

立賣房契黄左田,今將買就内務府陳廷學人官住房壹所,大小共伍拾肆間,門窗户壁上下土木相連,坐落宣武門外米市胡同中間,即兵馬司後街西口路北。憑中説合,情願出賣與涇縣會館執業,言明賣價實足京平紋銀壹千捌百兩整。其銀當日交足不欠。自賣之後,永斷葛藤。倘有親族隣居爭競者,盡左賣主、中人一面承管。恐後無憑,立此賣契永遠存照。

上首有內務府發給執照壹張

嘉慶十八年十月十六日立賣契:黄左田　(押)

中保:王子卿　(押)

嘉慶十八年十月曾在順天府宛平縣税過,契尾布字伍百玖拾貳號

民國三年六月二十七日在左右翼牲税徵收局驗過

驗契執照

左右翼牲税徵收局遵照財政部劃一契紙章程:無論已税、未税之舊契,均應呈驗注册,加給新照。如不呈驗,于訴訟時不能作爲憑據等因。今據涇縣會館呈驗已税舊契一件,計房伍拾肆間,坐落宣武門外米市胡同,即兵馬司後街路北地方,原買價銀壹千捌百兩正。既經納税,自應加給新照,以爲呈驗注册之憑証。此照。

天字玖佰捌拾陸號

中華民國三年六月二十七日

(左右翼牲税徵收局關防)

黄左田找價契據

立找契人黄左田,今因米市胡同中間、兵馬司後街西口路北,買就官房壹所共伍拾肆間,賣與涇縣會館執業。除賣價銀外,又找出實足京平紋銀壹千兩正。其銀亦當日交足不欠。恐口無憑,立契存照。

嘉慶十八年十月十六日立找契:黄左田

中保:王子卿

附：坐落外右四區米市胡同甲七十八、七十九號及兵馬司後街十七號房屋圖

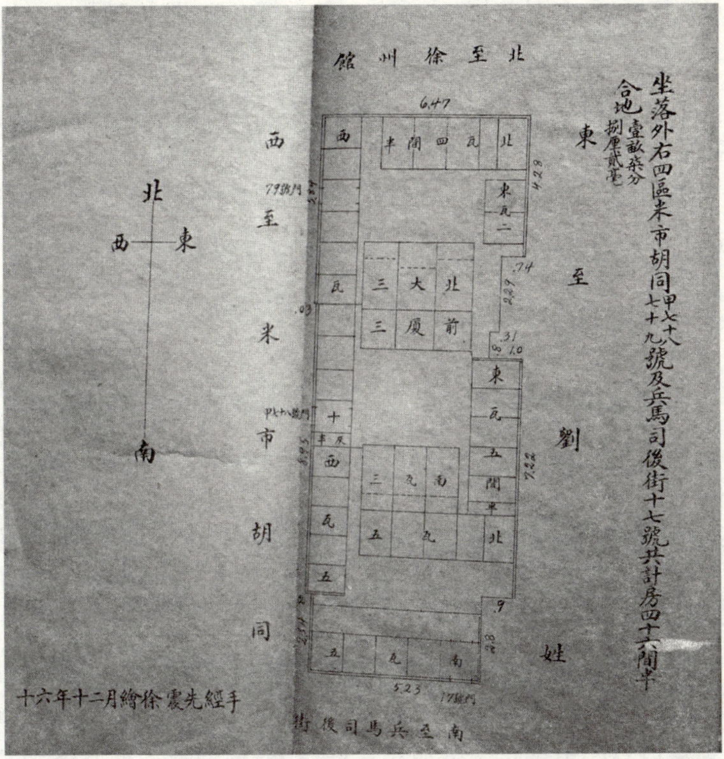

潘家河沿中間路東房屋契據

立典房人艾實夫代張安氏典得張姓住房壹所，坐落潘家河沿中間路東，大門半間、門房兩間、腰牆壹道，合面厢房坐北貳間，坐南灰棚壹間，朝西大廳貳間，過道半間，後院朝南上房三間，坐東灰棚貳間，共計拾叁間。上下土木相連，門窗户壁俱全，今因張姓乏用，憑中説合，情願轉典與涇縣會館公執業居住，得受典價京平紋銀叁佰伍拾兩正（拆［折］洋伍百元）。其銀筆下收足，并無短少分

文，言明七年期滿照契内原價回贖外，加修理銀伍拾兩。倘于空院内有添造房屋，臨時公估認費；如不願認，聽從拆去。自典之後，原係兩家情願，并無私債準折，倘有内外人等言説，俱係轉典主、中保人一力承當。恐後無憑，立此典契存照。

外有上首袁姓并錢、張二姓共契紙三張，租摺二個，一并交明銀主收執。又照。

契内塗去一字，添注四字。又照。憑中交價銀尣［九九］色。又照。

道光四年八月十五日立代典房人：艾實夫　（親筆押）

張安氏　（十）

憑中保人：孫竹夫　（押）

王嘯雲　（押）

王問渠　（押）

西　峯　（押）

中華民國四年曾在京兆大興縣税過，應納税額大洋拾五元，并給典契新契紙

京兆財政分廳爲發給契事前奉財政部頒行劃一契紙章程九條通飭遵辦等因，所有民間田房舊契，無論旗産、民産，典契、賣契，已税、未税以及印契實在遺失或田房與契不符，并有産而無契據者，均應一律照章報驗注册，换給新契紙，以爲各該業户等執據。兹奉大總統教令，公布驗契條例十七條，契税條例十二條，亟應遵照辦理。凡呈驗舊契，以六個月爲限。逾限如不呈驗，照章科罰，并于訴訟時不能作爲憑據。嗣後成立之新契仍一律照章納税，毋得隱匿，致干罰辦。須至契紙者。

計開

京兆大興縣業户涇邑會館

道光四年　月　日

計房十三間

用價平銀伍百元

茲據呈驗　契并繳查驗費洋一元，注册費一角，已予遵章注册。訖

中華民國四年　月　日

右給[①]業户　收執

①右給：歷史文書書寫順序爲從右到左，“右給”相當于現行文的“上文”。

上首袁典錢舊契據

立典契。袁修業今因乏用，將原典住房一所，坐落潘家河沿中間路東大門一間、門房間半，小馬棚一間、腰牆一道、厢房二間、朝西大廳二間、過道半間、朝南上房三間、灰棚二間，共計十三間，門窗户壁俱全，憑中説合情願轉典與錢　名下爲業，言明典價紋銀三伯[佰]兩正。其銀當日筆下收足，并無短少，銀到回贖。自典之後倘有親族人等爭競等情，自有原典主承管。恐後無憑，立此典契存照。

再上首紅白契皆在山東家內，因用銀甚急，未得取來，以親筆一紙爲據。外有租摺一個，每月計取京錢十二仟，憑典主每月支取收用。又據。

中保人：劉受于　（押）

嘉慶二十一年六月十一日立親筆　（押）

上首錢典張舊契據

立典房契。錢松雲今因乏用，將原典住房一所，坐落潘家河沿中間路東共計房十二間，上下土木相連，門窗户壁俱全，憑中説合，情願轉典與張　名下爲業，典價紋銀三伯[佰]伍拾兩正。其銀筆下收足，并無短少。言明十年方准回贖，外加修理銀伍拾兩。倘年限不到回贖者，按年保租。恐後〔無〕憑，立此典契存照。

倘此房袁姓回贖，有本典主錢松雲及陳桂琳一面承當。外有

原典袁姓白契一張,租摺一個,交銀主收執。又照

知底:陳桂琳　(押)

中:何慎齋　(押)

道光二年三月十一日立:錢松齋　親筆　押

上首張典艾舊契據

立典契人張光裕,今因乏用,將原典住房一所,共計十二間,坐落潘家河沿中間路東,上下土木相連,門窗户壁俱全,憑中説合,情願轉典與艾　名下爲業,典價紋銀三百伍拾兩正。其銀筆下收足,并無短少,言明九年方准回贖。倘年限不到回贖者,按年保租,外加修理銀五十兩。恐後無憑,立此典契存照。

外有袁、錢兩姓原典白契二張,租摺一個,憑典主每月支取房租。(押)

知底中保人:侯玉清　(押)

憑中　保人:李兵裕　(押)

道光三年三月二十一日張光裕典契存照　十　(立)

附:坐落外右五區潘家河沿六十四、六十五號房屋圖

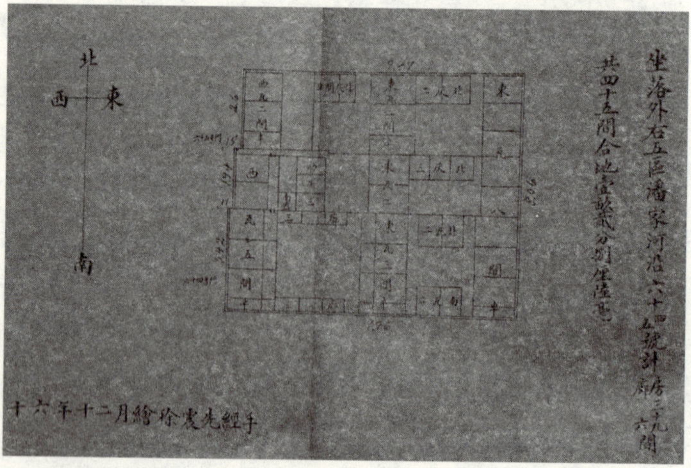

又潘家河沿中間路東房屋契據

立杜賣房契人湖北省黄陂縣胡曙山,今因不便管業,特奉嚴命[①],將在京原買張姓住房一所,坐落北城日南坊潘家河沿中間路東,計門面瓦房三間半,游廊六間,二層瓦房三間半,對面廂房四間,三層瓦房三間半,北跨門面房二間,到底三層正平房三間,茅房一間,馬棚,共計瓦房三十四間半。門窗户壁俱全,上下土木相連。自願憑中,一并杜賣與安徽省涇縣會館爲業,三面言定,當得受時價庫平足色紋銀壹千叁百兩正。其銀當日親手收足,其屋聽任執業,添改、居住、出賃收租,内外及上首人等均無异言。從前亦并無重復押典及來歷不明之處。如有等情,俱係賣主及契内中保一力承管,與買主無涉。自成之後,永不增找,永不回贖。欲後有憑,立此杜賣房契永遠存照。

本身原買張屋紅底契及上首張姓、錢姓、鍾姓、吕姓并張姓蓋房執照,一并繳歸買主收存。又照

契内塗改二字,又照

道光十五年二月　日立杜賣房契人:胡曙山　(押)

中保人:胡俊民　(押)

單地山　(押)

彭竹樓　(押)

蕭沛之　(押)

①嚴命:對君父、長上之命的敬稱。

契尾:道光十五年〔月〕　日布字第玖伯[佰]四拾號

中華民國三年六月二十七日在左右翼牲税徵收局驗過,驗契執照天字玖伯[佰]捌拾柒號

上首契卞之鎬典與李念恭白舊據一紙(乾隆三年七月　日)

上首契李念恭典與呂富成白舊據一紙(乾隆六年七月立)
上首契卞之鎬賣與呂姓紅舊據二紙(乾隆十五年四月立)
上首契呂承恩寫與鍾姓舊據一紙(嘉慶廿年六月初九日立)
上首契呂承恩寫鍾姓收定錢舊據一紙(嘉慶二十年八月)
上首契呂氏賣與鍾姓紅白據二紙(嘉慶廿年八月十四日立)
上首契鍾姓賣與錢姓紅白據三紙(道光二年十一月初七日立)
上首契錢玉賣與張姓紅白據二紙(道光九年五月十六日立)
上首契張姓蓋房執照一紙(道光九年六月二十五日)
上首契張姓賣與胡姓紅舊據二紙(道光十一年十一月十八日立)

小施興胡同房屋契據

立典房契人蕭沛之,今將自置楊姓名下瓦房拾間,坐落中東坊小施興胡同地方。今憑中説合,情願典與涇縣會館爲業,典價議值京平紋銀三百五十兩,折洋五百元整。其銀當日交足,并無短少,言明典期兩年,銀到贖回。自典之後,倘有親族人等爭競者有典主一面承管,與受主無涉。恐後無憑,立此典契存照。

此房内有上首倪姓、李姓、陳姓、孟姓、婁姓、又李姓投税契、紅契,又蕭姓紅契共八張,俱付涇縣會館收訖。

咸豐四年七月初一日立典房契人:蕭沛之(押)

中人:蕭春旭(押)

中華民國四年曾在京兆大興縣税過,應納税額大洋拾伍元,并給典契及新契紙

京兆財政分廳爲發給契事。前奉財政部頒行劃一契紙章程九條,通飭遵辦等因,所有民間田房舊契,無論旗産、民産,典契、賣契,已税、未税以及印契實在遺失或田房與契載不符,并有産而無契據者,均應一律照章報驗注册,換給新契紙,以爲各該業户等執據。兹奉大總統教令,公布驗契條例十七條,契税條例十二條,亟

應遵照辦理。凡呈驗舊契,以六個月爲限。逾限如不呈驗,照章科罰,并于訴訟時不能作爲憑據。嗣後成立之新契仍一律照章納税,毋得隱匿,致干罰辦。須至契照者。

計開

京兆大興縣業户涇縣會館

咸豐四年　月　日

計房拾間

用價洋伍百元

兹據呈驗　契并繳查驗費洋一元,註册費一角,已予遵章注册。訖

中華民國四年　月　日

右給業户　收執

上首契倪文錦賣與李姓紅舊據一紙(乾隆四十九年四月　立)

上首契倪文錦投税紅舊據一紙(乾隆四十九年　立)

上首契李永清投税紅舊據一紙(乾隆五十年正月　立)

上首契李永清賣與陳姓紅舊據一紙(乾隆五十年三月　立)

上首契陳印賣與孟姓紅舊據一紙(嘉慶元年六月初五日　立)

上首契孟學文賣與婁姓紅舊據一紙(嘉慶二年十二月　立)

上首契婁式之賣與楊姓紅舊據一紙(嘉慶四年七月　立)

上首契楊式金賣與蕭姓紅舊據一紙(嘉慶二十二年五月　立)

附圖:坐落外左一區小施興胡同六號房屋圖

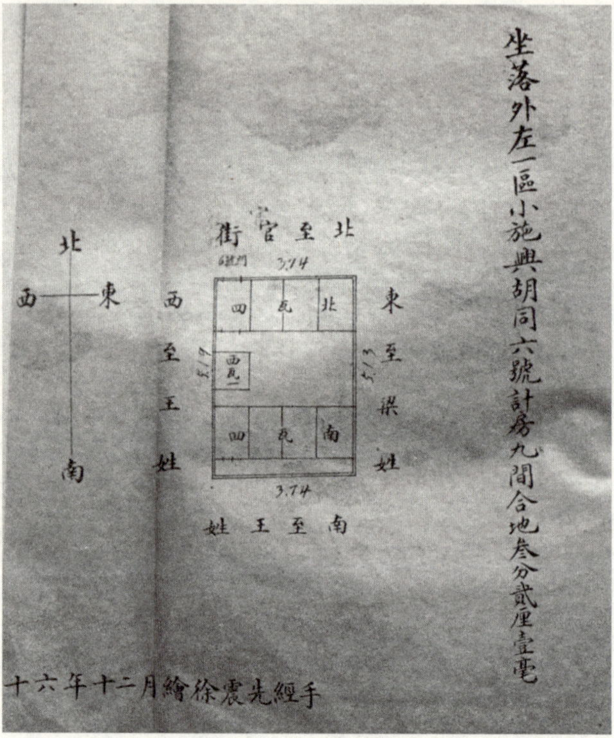

河泊廠門牌一百零三號房屋契據

立賣房屋地基契約人陳榮氏,今有故夫陳信之自置住房一所,坐落外左二區界河泊廠門牌一百零三號,坐北朝南,左隣陳姓,右至小胡同,前至官街後至　姓,四至分明,四周牆垣均係自置,共計大小瓦灰房十二間,裝修齊全,北房後有落地一條,憑中介紹出賣與涇縣會館名下管業,三方言明價值大洋三千三百圓整。筆下交清,自賣之後,如有親族人等生端异説,均歸賣主一身承担,不與買主相干。立此賣契爲據。

此房有宋賣與陳姓紅契壹紙暨上首蘇姓賣與宋姓紅契壹張,

標手四張，共六張交買主收存。

中華民國十四年四月二十日立契人：陳榮氏　（押）

陳家森　（押）

介紹中保人：劉雲卿　（押）

楊建魁　（十）

代筆人：李耀三　（押）

官契紙（買字第四千七百五十二號）

買主：涇縣會館　賣主：陳榮氏

不動産：東灰棚三間，北瓦房五間，西灰棚四間

坐落：外左二區河泊廠門牌路北一百零三號

面積：共拾貳間

四至：東至陳姓，西至胡同，南至劉、沈姓，北至官街

契價：洋三千三百元　税額：洋壹百九十八元

契據：紅契二張，憑單一張

年月：民國十四年四月

立賣房契人陳榮氏今將右［上］開之住房一所，由中人説合情願出賣與涇縣會館名下永遠爲業，四至分明。其價銀眼同中人按照右［上］開數目立時交足，并不少欠，亦無糾葛不清等事。立字之後倘有親族人等爭競，并重契典押盜賣以及來歷不明指契借貸官銀私債等情發覺，均歸舊業主并中保人負責承管，不與新業主相干。兩家情願，各無反悔。立此契約爲证。

中華民國十四年十月　日，右［上］給業主涇縣會館收執

左右翼税務公署發給督辦京都市政公所

准京師警察廳函開據涇縣會館呈報置買陳榮氏河泊廠房産等情，并據陳榮氏呈同前情函送原報轉移報告表，希即派員復勘核發憑單等因。准此。當經派員按照表列各款詳細勘查，尚屬相符；調驗契紙亦無不合等語，核與本公所規定發給房地轉移憑單規則第二條相符，應予照准填給憑單，以資證明。

右[上]給涇縣會館收執

中華民國十四年七月七日發給

坐落地點:外左二區河泊廠路北,門牌一百零三號

四至:東至陳姓,西至胡同,南至劉、沈姓,北至官街

房屋間數:東灰棚三間,西灰棚四間,北瓦房五間

面積:東六丈四尺五寸、南五丈八尺二寸、西六丈四尺五寸、北六丈一尺八寸

原租價值及租户字號字號職業:原業主自住

現在典價買值:三千三百元

原業主姓名職業住址:陳榮氏住木房

新業主姓名職業住址:涇縣會館,外左一區長巷下頭條三十號,代理左一芬住外左二區高家營十三號

典買年月日:十四年四月十二日

登記證明書(天字第七五四六號)

不動産登記證明書

登記人姓名:涇縣會館

登記號數:不動産登記簿第五册第一三七號

收件年月日及號數:中華民國十五年一月十六日,收件第九十一號

不動産之標示:基地實勘六分四釐四毫,坐落外左二區河泊廠一百零三號,住房一所,共計十二間

登記原因及其年月日:民國十四年四月買契

登記標的:所有權移轉登記

權利先後欄數:所有權部第二欄

登記年月日:中華民國十五年一月廿九日

右[上]證明登記完畢

中華民國十五年一月廿九日　登記處印

陳榮氏移轉登記證明書(天字第七五四五號,民國十五年一月

廿九日）

上首契蘇姓賣與宋姓紅舊據一紙（光緒七年十月廿五日立）

上首契宋姓賣與陳姓紅舊據一紙（光緒廿三年五月立）

上首契閻、宋、陳三姓執照四紙（光緒三年六月初二日、光緒九年六月初四日、光緒十八年七月初九日、光緒廿一年五月廿八日）

附圖：坐落外左二區河伯廠壹百零叁號房拾貳間房屋圖

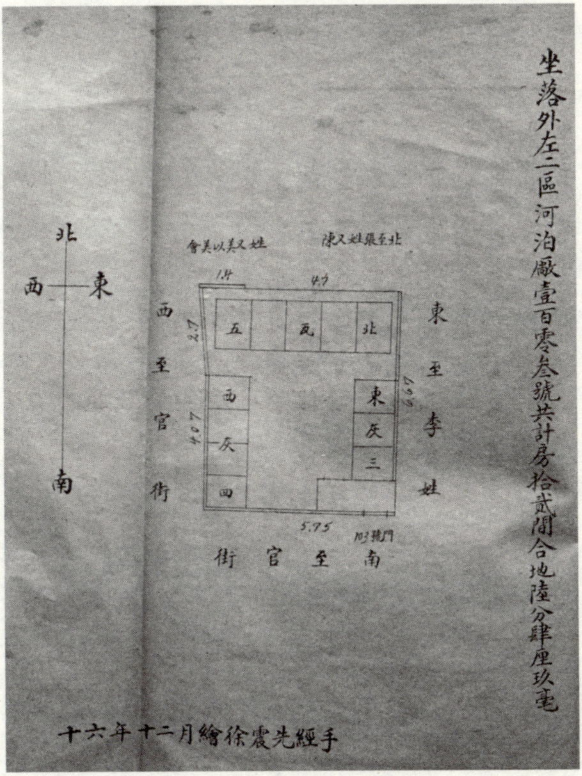

京都涇縣新舊兩館録

JINDU JINXIAN XINJIU LIANGGUANLU

同治辛未年重議館規

（見前，略）

同治辛未[1]年修葺新舊兩館樂輸題名

吴履福　貳拾伍兩

吴壽昌公拾兩，曾孫慎旃交

查崇鍾拾兩

吴同盛，福建惠安縣知縣　捌兩，又喜助捌兩，由潘謨卿交

潘兆芬　江蘇候補通判；潘兆達　江蘇候補知縣　各貳兩，又喜助各捌兩

朱士榮　湖北候補通判　喜助捌兩，由潘謨卿交

吴鴻臺　州同銜五品封典　喜助柒兩

吴炳祥　監生同知銜五品封典　喜助捌兩伍錢

吴嗣龍　廪貢訓導　喜助貳兩伍錢

吴維藩　歲貢訓導　喜助貳兩伍錢

吴報勲　副榜教諭　喜助貳兩捌錢

吴毓祺　膺主簿　喜助貳兩

吴承祖　陸兩

以上由吴定孫交

查貴輔、翟贊翰　各陸兩　由翟次懷交

查瀫廷，庚午舉人，陸兩，又喜助貳兩；

翟增榮　肆兩　洪振達　叁兩

朱維垣（己未舉人）、朱昱中（甲子舉人）、包銘謙（丁卯舉人）、沈世榮、翟英元、趙元榜、查之屏、李竟成、朱振綱、吴報高、王鼒、胡桂芳、吴煥采、吴淞，以上庚午舉人；朱琛，江西籍庚午舉人；潘慶

瀾，庚午優貢；以上各貳兩，又喜助各貳兩。

吴瀚，庚午舉人；洪佩聲，甲子優貢；各壹兩，又喜助各貳兩。

舒翰　貳兩　由舒薰園交；

潘江藻、趙錦章、舒愷、吴藴書、吴慎旃、潘駿猷、吴崇鑑、洪夢蘭、潘祿祖，以上各貳兩；

潘官懋，庚午優貢，喜助貳兩；

吴璧城、查善長、吴景鴻各壹兩；

胡鴻澤，京票錢伍千文。

共輸京平銀貳百肆拾貳兩叁錢，京票錢伍千文。

---

①同治辛未：即1871年。

修葺義園樂輸題名

查崇鍾　捌兩　吴同盛、吴淞　各陸兩　吴延華　肆兩　由潘謨卿交；

翟增榮　潘駿猷　查繖廷　各肆兩　吴之鋭公　叁兩　由吴定孫交

朱士榮　貳兩　由潘謨卿交

翟英元、潘江藻、趙錦章、舒愷、沈世榮、洪振達、包銘謙、吴藴書、王鼐、吴慎旃、潘兆芬、吴煥采、趙元榜、查之屏、潘兆達、吴崇鑑、李竟成、洪夢蘭、潘祿祖，以上各貳兩；

胡桂芳、洪佩聲、吴瀚、查善長、吴璧城、朱琛、吴報高、吴景鴻、潘官懋、潘慶瀾，以上各壹兩；

舒翰　壹兩　由舒薰園交；

朱維垣、朱振綱各京票錢拾貳千文

朱昱中京票錢拾千文

胡鴻澤京票錢伍千文

共輸京平銀玖拾兩，京票錢叁拾玖千文。

通共輸京平銀叁百叁拾貳兩叁錢，京票錢肆拾肆千文。

吴芸台經手銀總

收樂輸京平銀叁百叁拾貳兩叁錢。

收六吉紙棧同治九、十兩年息京平銀叁拾貳兩，潘謨卿交。

收潘謨卿經手借交京平銀壹百兩，議定下半年房租扣還。

收洪琴西經手勸捐寄交湘平銀壹百兩，樂輸姓名俟後補刊。

支京平銀肆百陸拾肆兩叁錢，换錢入錢總。

以上共收京平銀肆百陸拾肆兩叁錢，湘平銀壹百兩，除支仍實存湘平銀壹百兩，現議作爲義園四圍挑溝及添豎界石、栽種榆柳之用，其帳俟後補刊。

錢總

收樂輸京票錢肆拾肆千文。

收銀兑京票錢伍千壹百玖拾柒千玖百捌拾文。

收兵馬司後街袁宅伍個月房租京票錢伍百千文，潘謨卿交。

支京票錢叁百肆拾陸千肆百捌拾文，青白灰貳萬貳千玖百伍拾叁斤。

支京票錢叁百貳拾柒千肆百肆拾文，蔴刀壹千貳百玖拾肆斤。

支京票錢叁百貳拾陸千伍百文，瓦叁千捌百陸拾肆片，席陸拾貳張，葦拾玖丈半又玖塊半，花稭壹百捌拾柒斤。

支京票錢玖百叁拾玖千柒百陸拾文，泥水大工貳百零貳工，小工叁百玖拾貳工，木工叁拾柒工。

支京票錢壹百伍拾叁千叁百陸拾文，雜用。

以上修葺新館。

支京票錢壹百柒拾貳千貳百肆拾文，青白灰壹萬壹千肆百壹拾斤。

支京票錢貳百伍拾叁千壹百貳拾文，蔴刀壹千零伍拾叁斤。

支京票錢壹百貳拾柒千伍百文，瓦壹千叁百貳拾柒片，席叁拾柒張，葦玖塊，花稭壹百拾伍斤。

支京票錢陸百伍拾柒千玖百文，泥水大工壹百陸拾柒工，小工貳百肆拾叁工，木工貳拾叁工。

支京票錢柒拾壹千貳百陸拾文，雜用。

以上修葺舊館。

支京票錢肆百叁拾玖千柒百捌拾文，青白灰貳萬玖千玖百零叁斤。

支京票錢肆百零壹千伍百貳拾文，蔴刀壹千陸百玖拾捌斤。

支京票錢壹百貳拾捌千柒百貳拾文，瓦貳千片，方磚貳拾塊，碎磚伍車，席拾捌張，葦陸塊，花稭肆百捌拾肆斤。

支京票錢柒百肆拾肆千伍百伍拾文，泥水大工壹百陸拾捌工，小工叁百零肆工，并補滿錢，木工拾捌工。

支京票錢壹百貳拾叁千貳百文，界牌陸塊，并木料雜用。

以上修葺義園。

支京票錢伍百零肆千文，刻館規，賬目，又補刻殘板，并刷印館録壹百叁拾部工料。

以上共收京票錢伍千柒百肆拾壹千玖百捌拾文；共支京票錢伍千柒百壹拾柒千叁百叁拾文，除支仍實存京票錢貳拾肆千陸百伍拾文。

謨卿、芸台經收，歸入會館本年帳内結算。

吴履福續捐會館、義園京平銀貳拾兩；趙煥勲，江西候補縣丞，捐會館義園京平銀肆兩，又喜助京平銀貳兩。

以上共捐京平銀貳拾陸兩，因工程告竣，交潘謨卿，吴芸台經收。

吴藴書捐京票錢伍拾肆千文。此係二月初八起四月初三止，監修會館義園，送車資未受，作爲捐輸，帳内不支不收。

同治己巳[①]年洪琨笙經手

上值交帳銀錢俱無；本年喜助銀錢俱無。

收後街沈宅房租京票錢貳佰貳拾仟文,本年二月收四十吊,三月、四月、五月均收六十仟,以後未收,歸下值結算。

收潘家河沿彭宅房租京票錢叁佰陸拾仟文,每月四十仟,自二月至十月。

收館東胡宅房租京票錢捌拾仟文,每月本租四十千,因上值預借一項,每月扣二十千,六月以後,房租經住主硬扣修理,以致僅收此數。

總共收房租京票錢陸佰陸拾仟文。

①同治己巳:同治八年,即1869年。

支錢壹仟文,扯帳箱車。

支錢拾仟文,清明義塚燒紙。

支錢壹仟貳百文,燒紙車。

支錢貳仟文,冥供。

支錢叁佰貳拾文,紅全帖寫知單用。

支錢拾仟文,葉芬工食。

支錢拾仟文,老館長班借工食。

支錢拾伍仟文。新館長班借工食。

支錢拾肆仟文,關聖例供,并長班賞。

支錢拾仟文,七月半義塚燒紙。

支錢壹仟貳百文,燒紙車。

支錢貳仟文,例供。

支錢叁拾貳仟文,兩館朔望拈香。

支錢拾仟文,十月朔義塚燒紙。

支錢貳仟文,例供。

支錢壹仟貳百文,燒紙車。

支錢伍拾柒仟陸百文,大工三十二個。

支錢肆拾仟零叁百文，小工三十一個。

支錢叁拾捌仟肆百文，青石灰二千二百斤。

支錢肆仟捌百文，麻刀貳百斤。

支錢捌仟文，换椽十八根。

支錢肆仟捌百文，木板、席子。

支錢肆仟陸伯文，花邊瓦六十塊。

支錢叁拾肆仟捌百文，板瓦乙千七百四十塊。

支錢叁仟捌百文，大小釘子。

支錢壹仟捌百文，九天打茶。

支錢拾壹仟文，木樑一根。

支錢柒仟貳百文，門框一根。

支錢陸仟陸百文，材料四根。

支錢捌百文，黄土兩車。

支錢伍仟肆百文，木工三個。

以上拾陸筆因沈宅大風吹倒老椿樹，壓壞屋四間，統行修葢[葺]。

支錢拾肆仟肆百文，大工八個。

支錢柒仟捌百文，小工六個。

支錢陸仟肆白文，青石灰四百斤。

支錢捌百文，蔴刀。

以上肆筆均墁沈宅上房。

支錢伍拾仟零肆百文，大工二十八個。

支錢叁拾壹仟貳百文，小工二十四個。

支錢拾伍仟玖百貳拾文，青石灰九百九十五斤。

支錢壹仟貳百文，蔴刀。

支錢拾陸仟貳百文，板瓦八百三十塊。

以上伍筆修理新館後屋并門口面墻，及寄春花塢等處。

支錢陸拾玖仟文，修理彭宅上房門房包工。

支錢肆拾伍仟文,均墁老館各處,并修大廳左墻包工。

支錢拾伍仟玖貳拾百文,支錢拾肆仟肆百文,均墁胡宅兩次。

支錢貳拾壹仟文,修理新館桌椅。

支錢拾玖仟文,沈宅内院東厢房塌墻包工修理。

支錢貳拾壹仟陸百文,大工十二個。

支錢拾仟零肆百文,小工八個。

支錢拾仟零伍百文,磚三百五十塊。

支錢玖仟陸百文,青石灰六百斤。

支錢壹仟文,蔴刀。

支錢壹仟陸百文,黄土四車。

以上陸筆新館倒墻修理。

支錢貳拾柒仟文,大工十五個。

支錢拾肆仟叁百文,小工十一個。

支錢壹仟捌百文,木工一個。

支錢叁仟肆百文,木料兩件。

支錢貳拾壹仟柒百文,青石灰一千三百五十斤。

支錢肆仟伍百文,蔴刀。

以上陸筆彭宅倒北房修理。

總共支錢捌伯零柒仟捌百陸拾文。

收支兩比,下欠錢壹伯[佰]肆拾柒仟捌百陸拾文。

收潘謨卿還來京票錢壹伯[佰]仟文,除收下欠錢四十七千八百六十文作爲捐輸,不收不支。又沈宅起造門房,包工八百馀千,歸謨卿結算。

己巳年十一月,公同將原封契據各匣并帳簿房摺等件,及梓陰堂銀摺等均交下值潘謨卿收執。

同治己巳八年拾月潘謨卿接手

收蕭宅屋契壹包,新印契壹紙,老印契柒紙,共玖紙。

收會試諸公借字柒紙,共銀壹伯[佰]柒拾兩。

收姚鄭二姓借字貳紙，除收欠銀壹伯[佰]肆拾兩。

收西順興銀摺壹個。

收教場三条胡同，房契老議字壹紙，退交官房老議字壹紙。

收義地皮棚摺貳個，又豆棚地租摺陸個。

收賬箱壹個，又老賬箱伍個。

收天平壹架，算盤壹面。

收館録板全副，喜助收條板壹塊。

收喜助單，又樂輪單。

收義園賬箱壹個，內六吉號借銀摺貳個，共本銀四伯[佰]兩正。

收兩館長班承管看守字各壹紙，老承管二紙在內。

收鎖鑰壹分，又承管懇字壹包。

收零件壹包，動用義園存項議字壹紙，吴定生領借字壹紙，計銀柒拾兩，道光二十三年三月，高廟和尚懇字壹紙。

收零件壹包，胡春帆陰陽榜壹張，西順興信拾對，廢票壹包（計壹伯[佰]玖拾肆吊），又賣葦子字伍紙。

收兵馬司後街沈宅租摺壹個。

收張相公廟胡宅租摺壹個。

收潘家河沿彭宅租摺壹個。

收潘家河沿梁、李、閻、侯、徐租摺伍個。

收小施興胡同馮、王租摺貳個。

以上物件一概收清。

據上届洪琨笙兄交來，并無現銀錢存項。

收錢總賬

收兵馬司後街沈宅十一、二月租錢壹佰貳拾吊文。

收張相公廟胡宅十一、十二月租錢壹佰貳拾吊文。

收潘家河沿彭宅十一、二月租錢捌拾吊文。

收潘家河沿李姓十一、二月錢肆吊捌百文；梁姓十一、二月錢伍吊文，閆姓十一、二月錢陸吊文；侯姓十二個月共收錢柒拾貳吊文，共住一宅。

收小施興胡同馮姓十一、二月錢陸吊文；王姓十一、二月錢拾叁吊文。

收王姓皮棚十、十一、十二三個月錢伍吊肆百文。

收又王姓皮棚十、十一、十二三個月錢貳吊七百文。

收辛姓豆棚錢每月九伯[佰]文，一年合錢拾吊零捌佰文，收錢陸吊玖佰文，欠錢叁吊玖佰文。

收李姓豆棚每月肆吊文，七月至十二月收錢叁拾吊文，欠錢拾捌吊文。

收周姓豆棚每月貳吊肆佰文，叁個月收錢柒吊文，欠錢貳佰文。

收劉姓地租每月叁佰文，叁個月收錢陸佰文，欠錢叁吊文。

收張姓豆棚每月玖佰文，叁個月收錢肆吊文，欠錢陸吊捌佰文。

收劉姓地租每月伍佰陸拾文，叁個月收錢壹吊陸佰捌拾文。

收孟姓地租每月叁佰文，叁個月收錢玖佰文。

以上共收錢𠙍[1][九八]京鈔肆佰捌拾伍吊玖百捌拾文。

:柴码，民间通用的一种古老的数量文字。

支錢總賬

支錢捌拾吊文，潘家河沿侯宅修理北房灰棚貳間，由房租坐扣。

支錢捌吊文，燒香車錢。

支錢拾柒吊陸佰文，兩館春聯紙玖吊陸伯[佰]文，筆資捌吊。

支錢貳佰伍拾肆吊貳百陸拾文，付還洪翁代墊用錢。

支錢貳拾陸吊伍佰貳拾文，老館修理壞傢伙及門窗等事。

支錢壹佰吊文,新館長班工食。

支錢陸拾玖吊文,新館門封油錢,香燭,葡萄架,神供木工等零用。

支錢捌拾吊文,老館長班工食。

支錢肆拾貳吊壹百貳拾文,老館門封油錢,香燭,神供一切零用。

共用尨[九八]京鈔錢陸佰柒拾柒吊五百文。

除收,下欠錢壹佰玖拾壹吊五百貳拾文,由謨卿代付。

同治九年庚午正月立。

上年結,無存銀錢。

收銀總賬

收吴景鴻,光署正,喜助銀貳兩。

收潘禄祖,光署正,喜助銀貳兩。

收潘兆奎,巴陵知縣,銀捌兩。

收潘駿文,山東候補道,銀拾陸兩。

收吴藴書,主事加銜,銀貳兩。

收吴崇鑑,員外加銜,銀貳兩。

收潘家猷,郎中加銜,銀貳兩。

收吴之熊,江西同知,銀貳兩。

收借義園息銀拾陸兩。

以上共收銀伍拾貳兩。

支銀總賬

支銀叁拾陸兩,兑錢入錢總。

支銀拾陸兩,撥付辛未十年交公車用,公車另刻賬訖。

以上共支銀伍拾貳兩,除支無存銀。

收錢總賬

收兵馬司後街沈宅租錢叁拾吊,欠叁拾吊,正月搬房未付,後改袁宅。

收張相公廟胡宅十三個月租錢伍佰貳拾吊文。

收潘家河沿彭宅七個月租錢貳佰捌拾吊,欠捌拾吊未付,後改劉宅。

收潘家河沿劉宅茶錢陸拾吊,又十月起三個月房錢壹佰捌拾吊,二共錢貳佰肆拾吊文。

收兵馬司後街袁宅自五月至十二月計九月茶錢壹佰吊,共收壹仟吊文。

收潘家河沿侯姓付正月錢柒吊文,即搬家;閻姓十三個月付錢肆拾叁吊文;徐姓十三個月付錢叁拾壹吊貳佰文,欠錢貳吊陸佰文,搬家未付;李姓十三個月付錢叁拾吊零貳佰文,欠錢壹吊文;梁姓十三個月付錢肆拾貳吊五佰文,欠錢伍吊貳佰文。

收小施興胡同馮宅十三個月,共錢叁拾玖吊文,不欠。王宅十三個月共錢捌拾伍吊,多伍佰文。

收王姓皮棚十三個月,共錢貳拾叁吊肆佰文。

收又王姓皮棚十三個月,共錢拾壹吊柒佰文。

收周姓豆棚十三個月,共錢拾捌吊文,欠錢拾叁吊貳佰文。

收劉姓地租十三個月,共錢貳吊肆佰文,欠錢壹吊五百文。

收張姓豆棚十三個月,共錢肆吊文,欠錢柒吊柒佰文。

收劉姓地租十三個月,共錢柒吊貳佰捌拾文。

收孟姓地租十三個月,共錢叁吊玖佰文。

收辛姓豆棚十三個月,分文未付。

收李姓豆棚十三個月,共錢貳拾貳吊文,欠錢叁拾吊文。

收兑銀來錢叁佰捌拾柒吊陸佰文。

以上共收尨[九八]京鈔票錢貳仟捌伯[佰]貳拾捌吊壹伯[佰]捌拾文。

支錢總賬

支錢捌佰吊文,義興木廠包工兵馬司袁宅五間大門,洪琨翁議定,潘謨卿代修,有包字。

支錢柒拾叁吊柒佰肆拾文，潘家河沿均墁修理彭宅用。

支錢柒佰貳拾伍吊文，潘家河沿翻蓋五間上房，又東厢房馬號等處。

支錢叁佰貳拾吊文，均墁袁宅五十四間，又另做木影壁一座等工。

支錢壹佰貳拾伍吊文，又袁宅西房被雨沖塌，并换大柱一根。

支錢叁佰柒拾伍吊文，胡宅合宅均墁。

支錢壹佰貳拾叁吊文，兵馬司後街看房四個月。

支錢伍拾肆吊文，潘家河沿大房看房一個月零念［廿］天。

支錢柒拾壹吊玖佰貳拾文，兩館零星修理。

支錢陸拾伍吊肆佰文，新館修理桌櫈［凳］木床等工。

支錢伍拾貳吊文，一年燒香、看工車子錢。

支錢拾壹吊伍百文，義園修理錢。

支錢叁拾捌吊文，二月文帝、五月武帝、六月武帝叁次供。

支錢拾柒吊陸佰文，九吊一百春聯，八吊筆費。

支錢壹佰吊文，新館長班工食。

支錢捌拾吊文，老館長班工食。

支錢肆拾吊文，新館上班預支十年工食。

支錢柒拾貳吊貳佰文，新館年供，門封，養花一切零用。

支錢陸拾陸吊肆伯捌拾文，老館年供、門封、養花一切零用。

支錢陸拾吊肆佰捌拾文，老館年供、門封、年賞一切零用。

支錢拾吊文，老館長班預支十年工食。

支錢叁拾叁吊伍佰文，代付義園欠錢。

支錢拾吊文，葉芬工錢。

以上共用尫［九八］鈔京錢叁仟貳佰陸拾肆吊叁佰肆拾文，除收，下欠錢肆佰叁拾陸吊壹佰陸拾文。

同治十年辛未正月立。

上年結，無存銀錢。

收銀總賬

收朱寬成,江西候補縣,銀陸兩。

收朱士榮,湖北候補通判,銀捌兩。

收吴廷華,湖北候補府,銀拾陸兩。

收借吴達臣先生銀壹佰兩。

收吴履福,寶坻縣,捐銀伍拾兩。

收吴履福續捐會館銀拾兩。

收吴履福續捐義園銀拾兩,二筆由公車交來。

收趙焕勳,江西縣丞,捐會館銀肆兩。

收趙焕勳,江西縣丞,捐義園銀貳兩,以上二筆由公車交來。

收趙錦章,辛未進士、知縣,喜助銀肆兩正。

收借義園息銀拾陸兩。

以上共收銀貳伯[佰]貳拾陸兩。

支銀總賬

支銀壹佰兩,交公車另用。

支銀捌兩,交公車另用。

支銀貳拾伍兩,交公車另用。

支銀拾陸兩,交公車另用。

支銀肆拾壹兩,兑錢,歸入錢總。

支銀叁拾陸兩,兑錢,歸入錢總。

以上共支銀貳佰貳拾陸兩正,除支無存銀。

收錢總賬

收兵馬司後街袁宅十二個月租錢壹仟貳佰吊文。

收張相公廟胡宅十二個月租錢肆佰捌拾吊文。

收潘家河沿劉宅租錢伍佰貳拾吊文,欠錢貳佰吊文。

收潘家河沿李姓付錢陸仟肆佰文,除付欠貳拾貳吊肆佰文,八月搬家;閻姓付錢拾柒吊文,除付下欠錢拾捌吊文;梁姓付錢拾壹吊肆伯[佰]文,除付欠錢拾捌吊陸伯[佰]文。

收小施興胡同，馮姓付錢叁吊文，即搬家；王姓付三個月租錢拾玖吊文，即搬家；改張姓伍月起。

收小施興胡同張宅，自五月至臘月茶錢拾肆吊文，房租共錢壹佰拾貳吊文，共錢壹佰貳拾陸吊文。

收王姓皮棚十二個月，共錢貳拾壹吊陸佰文。

收又王姓皮棚十二個月，共錢拾吊零捌佰文。

收辛姓豆棚十二個月，共錢玖吊文，欠錢壹吊捌佰文。

收李姓豆棚十二個月，共錢貳拾陸吊文，欠錢貳拾貳吊文。

收周姓豆棚十二個月，共錢拾柒吊文，欠錢拾壹吊捌佰文。

收劉姓地租十二個月，共錢叁吊陸佰文，不欠。

收張姓豆棚十二個月，共錢肆吊文，欠錢陸吊捌佰文。

收劉姓地租十二個月，共錢陸吊柒伯[佰]貳拾文，不欠。

收孟姓地租十二個月，共錢叁吊陸佰文，不欠。

收兑銀來錢肆佰伍拾陸吊貳佰文。

收兑銀來錢肆佰叁拾玖吊貳佰文。

以上共收尨[九八]京鈔錢叁仟叁佰捌拾吊零伍佰貳拾文。

支錢總賬

支錢壹佰陸拾壹吊文，均墁新館大廳并南照房，係包工做活。

支錢壹佰貳拾貳吊柒佰貳拾文，均墁老館房屋。

支錢叁佰肆拾伍吊文，包修兵馬司袁宅，均墁修理。

支錢叁佰貳拾肆吊文，包修胡宅，均墁修理。

支錢肆佰肆拾吊文，八月潘家河沿劉宅遊廊坍塌，各房滲漏，吴芸台兄經手。

支錢貳拾玖吊玖佰文，新館木工修門，并劉宅添置大琉璃等物。

支錢玖拾吊零貳佰捌拾文，公車到京，窗户，水罈等項。

支錢伍佰肆拾叁吊文，兩館添置桌椅櫈[凳]子等件。

支錢壹佰貳拾玖吊柒佰文，添風門、簾架、水罈三十個等件。

支錢叁拾捌吊文，文、武帝供三次。

支錢貳拾壹吊文，舉人匾。

支錢貳拾吊文，兩館打更。

支錢肆拾捌吊文，一年兩館燒香車錢。

支錢陸吊陸佰文，施興胡同張宅修理。

支錢伍佰吊文，交公車修會館用。

支錢伍拾吊文，撥付義園用。

支錢拾柒吊陸佰文，九吊六百春聯，八吊筆資。

支錢柒拾貳吊陸佰文，新館年供各項例資。

支錢陸拾吊文，内扣除上年預支四十吊新館長班工食。

支錢陸拾貳吊叁佰貳拾文，老館年供各項例支。

支錢柒拾吊文，老館長班支，扣除上年預支十吊訖。

支錢肆拾伍吊文，老館長班預支十一年工食。

支錢拾吊文，義園開溝，請領執照，坊上、城上費用。

支錢叁佰肆拾貳吊陸佰陸拾文，付還潘謨卿墊用錢。

支錢拾吊文，葉芬工食。

以上共支尨[九八]京票鈔錢叁仟伍佰伍拾玖吊叁佰捌拾文，除收下欠錢壹佰柒拾捌吊捌佰陸拾文。

同治十一年壬申正月立。

上年結，無存銀錢。

收銀總賬

收吴茂，河南候補縣，銀肆兩。

收趙集成，河南濟源縣，銀拾貳兩。

收潘駿德，兵部郎中，銀貳兩。

收借義園息銀拾陸兩。

收潘兆芬，江蘇候補通判；潘兆達，江西候補知縣；補寄銀共拾貳兩。

收趙集成，義園捐銀肆兩。

以上共收銀伍拾兩正。

支銀總賬

支銀拾陸兩捌錢貳分,兑錢入錢總。

支銀肆兩正,兑錢入錢總。

支銀叁拾貳兩正,先還吴達臣先生。

以上共支銀伍拾貳兩捌錢貳分,除收下欠銀貳兩捌錢貳分。

收錢總賬

收兵馬司後街袁宅十二個月租錢壹仟貳佰吊文。

收張相公廟胡宅租錢肆佰吊,欠錢八十吊文。

收潘家河沿刘宅租钱柒佰柒拾伍吊文,多付钱伍十伍吊文。

一潘家河沿徐、閻、李、梁各姓分文未付。

收施興胡同張宅十二個月,共錢壹佰陸拾捌吊文。

收王姓皮棚十二個月,共錢貳拾壹吊陸佰文。

收又王姓皮棚十二個月,共錢玖吊文,欠錢壹吊捌佰文。

收辛姓豆棚十二個月,共錢捌吊文,欠錢貳吊捌佰文。

收李姓豆棚十二個月,共錢貳拾玖吊文,欠錢拾玖吊文。

收周姓豆棚十二個月,共錢貳拾肆吊文,欠錢肆吊捌佰文。

收劉姓地租十二個月,共錢叁吊叁佰文,欠錢叁佰文。

收郭四豆棚十一個月,租錢玖吊玖佰文。

收張姓豆棚租錢壹吊文,改租郭四,二共錢拾吊零九佰文,不欠。

收劉姓地租十二個月,共錢陸吊柒佰貳拾文。

收孟姓地租十二個月,共錢叁吊陸佰文。

收借義園存錢柒佰肆拾吊文。

收兑銀來錢貳佰伍拾壹吊柒佰捌拾文。

以上共收尨[九八]京鈔票錢叁仟陸佰伍拾吊零玖百文。

支錢總賬

支錢肆佰伍拾吊文,胡宅修理,有包字。

支錢壹佰貳拾吊文，修胡宅大墻，有包字。

支錢肆佰吊文，潘家河沿劉宅修理，有包字。

支錢叁佰玖拾吊文，袁宅修理均墁，另匠包工。

支錢柒拾吊文，袁宅搭坑二座。

支錢陸吊肆佰肆拾文，新館銕鎖鐵練等。

支錢伍拾伍吊文，新館門房均墁，長班開來賬。

支錢壹仟伍佰玖拾捌吊陸佰文，重修潘家河沿郝宅小房十一間，吴雲臺經手。

支錢叁拾捌吊文，文、武帝三次供。

支錢肆拾捌吊文，一年兩館燒香車錢。

支錢壹佰吊文，新館長班工食。

支錢柒拾叁吊貳佰文，新館年例神供一切。

支錢伍吊捌佰文，新館守助約燈籠等件。

支錢陸拾貳吊叁伯文，老館年例神供一切。

支錢叁拾伍吊文，老館長班工食，内扣除前預支錢四十五吊文。

支錢拾柒吊陸佰文，春聯紙九千六百文，筆資八千文。

支錢拾叁吊文，九吊，屢次看工車錢，老館守助約燈籠等件。

支錢肆拾捌吊文，撥付義園用。

支錢拾吊文，葉芬工錢。

以上共支尨[九八]京票鈔錢叁仟伍佰肆拾吊零玖佰肆拾文，除支，淨存錢壹佰零玖吊玖佰陸拾文。

同治十二年癸酉正月立。

上年結，無存銀。

收銀總賬

收吴履福，升昌平州，助銀拾兩。

收朱際昌，江蘇候補縣，銀肆兩。

收潘駿猷，補郎中缺，銀貳兩。

收潘學祖，候補運同，銀陸兩。

收吴廷斌，北河同知，銀貳兩。

收錢兑來銀貳拾捌兩。

收錢兑來銀肆拾兩。

以上共收銀玖拾貳兩正。

支銀總賬

支銀貳兩捌錢貳分，還謨卿塾項。

支銀貳拾壹兩壹錢捌分，兑錢入錢總，二月初四日。

支銀貳拾捌兩正，還吴達臣先生。

支銀肆拾兩正，補還吴達臣先生，清訖前借壹佰兩，至此還清。

以上共支銀玖拾貳兩正，除支無存銀。

收錢總賬

收兵馬司袁宅十三個月租錢壹仟叁佰吊文。

收張相公廟胡宅十三個月租錢陸佰吊文，多付捌拾吊，補足上年欠付捌拾吊清訖。

收潘家河沿劉宅十三個月租錢肆佰玖拾吊文，欠本年錢貳佰玖拾吊，連前共欠錢肆佰叁拾伍吊。

收潘家河沿郝宅自二月二十五日起計十二個月共連茶錢計錢壹佰玖拾伍吊文。

收施興胡同張宅十三個月共錢壹佰柒拾壹吊文，欠錢拾壹吊文。

收王姓皮棚十三個月錢拾肆吊肆佰文，欠錢柒吊貳佰文。

收又王姓皮棚十三個月錢玖吊文，欠錢壹吊捌百文。

收辛姓豆棚十三個月錢玖吊文，欠錢貳吊柒百文。

收李姓豆棚十三個月錢貳拾貳吊肆百文，欠錢貳拾玖吊陸百文。

收周姓豆棚十三個月錢拾肆吊肆佰文，欠錢拾陸吊捌佰文。

收劉姓地租十三個月錢叁吊叁佰文，欠錢陸佰文。

收郭四豆棚十三個月錢伍吊肆佰文,欠錢陸吊叁佰文。

收劉姓地租十三個月錢柒吊貳伯文,不欠。

收孟姓地租十三個月錢叁吊玖佰文,不欠。

收兑銀來錢貳伯[佰]陸拾肆吊柒佰肆拾文。

以上共收尨[九八]京票鈔錢叁仟壹佰零玖吊柒佰肆拾文。

支錢總賬

支錢肆佰伍拾吊文,袁宅揭瓦書房并均墁,有雷姓包字。

支錢壹佰叁拾柒吊肆佰文,續修袁宅後大墻,有單賬。

支錢壹佰吊文,劉宅均墁,有包字。

支錢壹伯貳拾吊文,胡宅均墁,有包字。

支錢壹佰拾柒吊文,修潘家河沿小房,自上年八月初七起至今年二月二十四止計壹佰玖拾五天,每日陸百文,張長班經手。

支錢叁佰貳拾陸吊肆佰文,找清做潘家河沿小房工料錢,交吴芸台手。

支錢肆拾捌吊捌佰文,兩館零星修理。

支錢叁拾貳吊文,翟少爺鄉試打更拾吊,窗爐貳吊,翟海門來京專足赴工,川資二十吊。

支錢伍拾陸吊文,一年燒香車錢。

支錢拾柒吊陸伯[佰]文,兩春聯九千六百,筆資八吊。

支錢叁拾捌吊文,文武帝供三次。

支錢壹佰玖拾壹仟伍佰貳拾文,還謨卿八年代用錢。

支錢柒拾叁吊貳佰文,新館年例神供等。

支錢陸拾肆吊玖佰捌拾文,老館年例神供等。

支錢壹佰吊文,新館長班工食。

支錢捌拾吊文,老館長班工食。

支錢捌拾吊零貳佰文,老館長班預支十三年工食。

支錢叁拾貳吊文,撥付義園用。

支錢貳拾吊零捌佰文,義園葉芬借用本年工食十千在内。

支錢叁佰柒拾伍吊貳佰文,先又兑銀貳拾捌兩,還達臣先生,十二月二十四日。

支錢伍佰叁拾吊零陸佰文,又兑銀肆拾兩正,還清達臣先生,十二月二十八日。

支錢柒吊文,兩館報單,又紅紙賬簿等物。

支錢壹佰吊文,新館張長班預支十三年工食。

以上共支錢叁仟零玖拾捌吊柒百文,除支,淨存錢拾壹吊零肆拾文。

同治十三年甲戌[1]正月立。

上年結,無存銀。

---

①同治甲戌:同治十三年,即 1874 年。

收銀總賬

收潘熙,癸酉舉人,銀貳兩。

收吴崧高,主事分部,銀貳兩。

收潘學祖、吴崧高義園捐銀各壹兩。

支銀賬

支銀陸兩正,兑銀入錢總。

收錢總賬

收潘家河沿劉宅租錢壹佰吊文。

收小施興胡同張宅租錢叁拾捌吊文。

收潘家河沿郝宅租錢肆拾五吊文。

收周姓錢貳吊文。

收郭四錢壹吊捌佰文。

收李姓春和號錢肆吊文。

收王姓皮棚錢伍吊肆佰文。

收辛姓錢壹吊文。

收兑銀來錢柒拾陸吊貳佰文。

以上共收錢貳佰柒拾叁仟肆佰文。

支錢總賬

支錢肆拾陸吊柒佰文,新館更錢,有賬交新館長班手。

支錢壹吊陸佰文,下匾木工錢。

支錢拾伍吊文,新館修理炉灶工料。

支錢叁拾壹吊伍佰文,新館七處糊窗。

支錢叁拾吊文,梯青齋糊棚。

支錢陸吊文,月窟天根糊窗。

支錢伍吊肆佰文,葡萄架用。

支錢拾伍吊壹佰文,新館又糊窗用。

支錢肆吊肆佰文,老館木工荷葉丁子。

支錢肆吊伍佰文,老館修房。

支錢叁拾陸吊文,李,吴,舒,包四位窗爐,水罈,并單窗門一個。

支錢拾貳吊文,更錢拾吊,翟老爺窗爐二吊。

支錢貳吊文,燒香車錢。

支錢貳吊文,紙帳。

支錢拾伍吊叁佰文,文帝供并知單。

支錢叁吊伍佰文,吴定孫兄窗爐費。

支錢肆吊伍佰文,新館二位朱兄窗爐費。

支錢叁吊文,新館修理床凳木工。

支錢拾陸吊文,老館打更又窗爐費。

以上共支錢貳佰叁拾柒吊伍佰文,除支,淨存錢叁拾伍吊玖佰文。

同治八年十月至十三年三月結總賬

計開

八年共收錢肆佰捌拾伍吊玖佰捌拾文,支錢陸佰柒拾柒吊伍佰文,兩比欠錢壹佰玖拾壹吊伍佰貳拾文。

九年共收錢貳仟捌佰貳拾捌吊壹佰捌拾文,共支錢叁仟貳佰陸拾肆吊叁佰肆拾文,兩比欠錢肆佰叁拾陸吊壹佰陸拾文。

十年共收錢叁仟叁佰捌拾吊零伍百貳拾文,共支錢叁仟伍佰伍拾玖吊叁百捌拾文,兩比欠錢壹佰柒拾捌吊捌佰陸拾文。

十一年共收錢叁仟陸佰伍拾吊零玖佰文,共支錢叁仟伍佰肆拾吊零玖百肆拾文,兩比存錢壹佰零玫吊玖佰陸拾文。

十二年共收錢叁仟壹佰零玖吊柒佰肆拾文,共支錢叁仟零玖拾捌吊柒佰文,兩比淨存錢拾壹吊零肆拾文。

十三年共收錢貳佰柒拾叁吊肆佰文,共支錢貳佰叁拾柒吊伍佰文,兩比淨存錢叁拾伍吊玖佰文。

通計八、九、十年共欠錢捌佰零陸吊伍佰肆拾文,十一、十二、十三年共存錢壹佰伍拾陸吊玖佰文,兩比淨欠錢陸佰肆拾玖吊陸佰肆拾文。

除十年會館修理馀剩錢貳拾肆吊陸佰陸拾文,除十一年支還過錢叁佰肆拾貳吊陸佰陸拾文,除十二年支還過錢壹佰玖拾壹吊伍佰貳拾文,叁共錢伍佰伍拾捌吊捌佰肆拾文。

除收實欠錢玖拾吊零捌佰文,十一、十二扣銀柒兩壹錢伍分,由義園十二年捐項撥還。

前賬兩訖。

交下值各件

一、付蕭宅屋契壹包,新印契壹紙,老印契柒紙,共玖紙。

一、付會試諸公借字柒紙,共銀壹佰柒拾兩。

一、付姚、鄭二姓借字貳紙，除收，欠銀壹佰肆拾兩。

一、付西順興銀摺壹個。

一、付教場三条胡同房契老議字壹紙，退交官房老議字壹紙。

一、付義地皮棚摺貳個，又豆棚地租摺柒個。

一、付賬箱壹個，又老賬箱五個。

一、付天平壹架，算盤壹面。

一、付館録板全副，又喜助收条板壹塊。

一、付喜助樂輸單共柒個。

一、付義園賬箱壹個，内六吉號借銀摺貳個，共本銀肆佰兩正。

一、付零物壹包，兩館長班承管看守字各壹紙，老承管貳紙在内，動用義園存項議字壹紙，高廟和尚懇字壹紙，胡春帆陰陽榜壹紙，西順興信十封，廢票壹包，計壹佰九十四千，賣葦子字五紙。

一、付零物壹包，吴定生領借字壹紙，共柒拾兩，兵馬司後街動工包字執照各壹紙，義地開溝包字執照各壹紙，各處動工包字四紙，承管懇字壹包，計七紙，賣葦子字捌紙。

一、付兵馬司後街袁宅租摺壹個。

一、付潘家河沿劉宅租摺壹個。

一、付潘家河沿郝宅租摺壹個。

一、付張相公廟胡宅租摺壹個。

一、付小施興胡同張宅租摺壹個。

一、付沈、馮、王、梁、侯、李、徐、閆廢摺捌個。

一、付老出入賬肆本，器具賬壹本，義園賬壹本。

一、付鎖鑰壹分。

一、付義地拾貳年捐輸用存銀玖兩捌錢伍分，内有夾鉛兩塊。

一、付館録柒部。

以上物件公同點清，交下值手收。

同治十三年甲戌四月初三日。

同治十三年甲戌四月初三日公車接手

捐修新舊兩館題名

朱琛貳兩,又補喜助捌兩,辛未進士,庶吉士。

舒愷貳兩,又喜助肆兩,甲戌進士,于誦元,癸酉舉人,貳兩。

王德欽陸兩,由王鼐交。王鼐貳兩,又喜助肆兩,甲戌進士。

翟增榮肆兩,又喜助貳兩,子延一,癸酉順天副榜。

朱遵達叁兩,又喜助貳兩,癸酉舉人。

查承思,庚午舉人;趙夢奇,癸酉順天舉人;查廷榮、翟棠,俱癸酉拔貢,各貳兩,又喜助各貳兩。

翟贊翰喜助肆兩,六品封典。查貴輔肆兩,俱由翟增榮交。

洪振達叁兩。吴笈,癸酉順天副榜;朱如圭,癸酉拔貢;各壹兩,又喜助各貳兩。

吴志芬,望江訓導,喜助貳兩,姪慎旃交。

胡世肇、翟英元、包銘謙、吴慎旃、李竟成、查之屏、趙元榜、胡鴻基,以上各貳兩。

文星照喜助貳兩,甲子舉人,江西籍。

舒翰,三品銜封典,補喜助壹兩伍錢,由舒愷交。

沈世榮、胡鴻澤、朱振綱、吴焕采、吴藴書、吴璧城、潘駿猷、潘駿德、吴景鴻、潘禄祖,以上各壹兩。

翟總章,恩貢,喜助壹兩,由翟增榮交。

共輸京平銀壹百零陸兩伍錢。

捐修義園題名

翟增榮肆兩。查承恩貳兩伍錢。

洪振達、王鼐、吴慎旃、李竟成、查之屏、翟棠、朱遵達、趙夢奇、胡鴻基,以上各貳兩。

胡世肇、翟英元、舒愷、包銘謙、沈世榮、趙元榜、胡鴻澤、查廷榮、朱如圭、吴笈、吴焕采、朱振綱、吴藴書、吴璧城、潘駿猷、潘駿德、潘禄祖，以上各壹兩。

共輸京平銀肆拾壹兩伍錢。

通共輸京平銀壹百肆拾捌兩。外吴瞻菁，癸酉舉人，喜助貳兩，會館、義園各捐貳兩；胡鴻澤，甲戌進士，喜助肆兩；吴崇鑑，會館、義園各捐壹兩；均未繳。以後續交續刻。

附：公車分領耕馀别業公款銀數

本年三月由蕪湖、金陵交劉通興緞號匯寄到京平松江銀肆百伍拾壹兩叁錢壹分八釐。本届會試胡世肇、翟英元、潘江藻、朱昱中、吴淞、舒愷、沈世榮、胡鴻澤、洪振達、朱振綱、包銘謙、王鼒、翟增榮、吴慎旃、查善長、吴焕采、查承恩、趙元榜、查之屏、吴爾襄、李竟成、朱遵達、吴瞻菁、趙夢奇、潘熙，共二十五人。朝考[1]朱如圭、翟棠、查廷榮，共三人，按照二十八分均派，分領清訖，外有會試文星照，本届未領。

①朝考：清代對新進士（一甲三名除外）在保和殿進行的由皇帝親命試題、欽命大臣閲卷的考試。

銀總

收上值潘謨卿交銀玖兩捌錢伍分，内除凈鉛壹兩伍錢叁分，實收京平銀捌兩叁錢貳分。

收捐輸京平銀壹百四十八兩。

收六吉號同治十二、三兩年息京平銀叁拾貳兩，又申平肆錢陸分。

收王蘭台還癸丑借項京平銀拾兩，又王鼒交，借字檢還，息未付。

支京平銀貳兩，送吴學三義園監工車資。

支京平銀壹佰玖拾陸兩柒錢捌分，兑錢入錢總。

除支無存銀。

錢總

收銀兑京票錢貳千肆百玖拾捌千零柒拾文。

收兵馬司後街袁宅四個月房租,京票錢肆百零捌千文。

收潘家河沿劉宅房租京票錢壹百千文。

收新館東邊胡宅房租京票錢壹百千文。

支京票錢陸拾玖千捌百肆拾文,青石灰三千零二十斤。

支京票錢貳拾貳千玖百拾文,麻刀七十九斤。

支京票錢壹百零伍千柒百貳拾文,泥水大工二十七工,小工三十七工,并補滿錢。

支京票錢肆拾玖千叁百陸拾文,碎磚、黄土并雜料木工。

以上修葺舊館。

支京票錢肆百叁拾捌千伍百文,青石灰一萬七千八百十九斤。

支京票錢肆百拾陸千壹百伍拾文,麻刀一千四百三十五斤。

支京票錢肆百拾壹千壹百文,泥水大工一百零七工,小工一百三十五工,并補滿錢。

支京票錢伍拾貳千文,碎磚。

以上修葺義園。

支京票錢壹百柒拾壹千伍百肆拾文,青石灰五千七百二十五斤。

支京票錢壹百零壹千壹百陸拾文,麻刀三百七十二斤。

支京票錢壹百捌拾陸千叁百陸拾文,泥水大工五十七工,小工五十二工,木工二工,并補滿錢。

支京票錢柒拾肆千叁百文,西園砌炕磚料。

以上修葺新館。

支京票錢捌拾柒千柒百捌拾文,舊館修理裱糊,吴舒經手。

支京票錢貳百叁拾壹千柒百肆拾文,四月初三辦團拜,舒經手。

支京票錢貳拾貳千文,往義園等處看工車錢。

支京票錢捌拾柒千肆百文，赴安徽會館等處車錢。

支京票錢貳拾陸千文，修補新館傢伙。

支京票錢叁拾肆千肆百肆拾文，買新皮匣一個，修破匣三個，并買零件紙張。

支京票錢貳拾肆千陸百文，義園殮骨買棺等用。

支京票錢拾貳千文，袁宅扣除修理。

支京票錢伍千文，義園挖溝，請領執照各費。

支京票錢拾叁千伍百文，張長班領糊窗費。

支京票錢叁百伍拾肆千玖百文，義園挖溝，東邊五十丈，西邊三丈，南邊九十丈。

支京票錢叁百叁拾肆吊伍百貳拾文，刊刷館録。

以上共收京票錢叁千壹百零陸千零柒拾文；共支京票錢叁千叁百叁拾貳吊捌百貳拾文。

收下值朱小唐交京票錢貳百貳拾陸吊柒百伍拾文，除支，無存錢。

立義字。涇縣胡世肇等，今因我邑會館需人管理，于四月二十二日在省館商議蒙司寇黄孝侯、方伯潘琴軒先生暨列位鄉台酌定公請朱小唐庶常、吴芸台水部兩位接管所有兩館及義園事務。收支各款均由兩掌館按照舊章認真經理。三年後或仍請接管，或另請挨管。統俟下届會試時，同鄉齊集再行商奪。此係闔邑同心推請，并無异言。欲後有憑，立此存照。

同治甲戌年四月　日

胡世肇、翟英元、查承恩、趙元榜、沈世榮、翟增榮、吴慎旃、李竟成、洪振達、朱昱中、朱振綱、朱如圭、翟棠、吴郁文、朱遵達、吴瞻菁、查之屏、查承勳、王肅、胡鴻澤、查廷榮、潘駿猷、潘駿德、吴焕采、吴淞、潘方轂、吴璧城、吴笈、包銘謙、吴景鴻、舒愷、吴崇鑑（俱有押）

又議，長班工食較少，不足以示體恤。今公同酌定，從本年起新館加京票錢伍拾千，舊館加肆拾千，義園加貳拾千。均令小心看管，倍加勤謹。不得稍涉疎懶，致干撵逐。

甲戌年四月二十五日，公同將上值潘謨卿交到原封契據各匣并帳簿房摺，梓陰堂銀摺等件及洪琨笙親筆帳一小本（計四頁有騎縫圖章），又零件一包（議字一件，會館義園捐單各一件，義園挑溝包字二件，執照一件），均交下值朱小唐、吴芸台收執。

光緒丁丑年重議館規

（略）

甲戌年四月至乙亥年[①]五月樂輸館規

胡德基，浙江候補縣；胡鴻澤，甲戌進士；舒愷，即用縣；查廷榮，試用縣；以上俱四兩。

王鼐，主事，叁兩。查煥修，教職，貳兩。翟兆麟，武舉；王宗傚，武舉；王良棟，武舉，以上俱壹兩。

共樂輸銀貳拾肆兩。

①乙亥：清光緒元年，即1875年。

附義園捐輸

曹義聚、曹材閣，各壹兩。王良棟、翟兆麟，各伍錢。

共樂輸銀叁兩。

朱小唐經手銀總

上值交來并無現銀存項。

收樂輸銀貳拾柒兩。

支銀貳拾柒兩，兑尨[九八]大錢，壹百陸拾捌吊柒百伍拾文。

以上銀款除支無存。

錢總

收潘家河沿劉宅租尨[九八]大錢,伍百叁拾伍吊文。

收兵馬司後街袁宅租尨[九八]大錢,陸百吊文。

收張相公廟胡朱宅租尨[九八]大錢,貳百伍拾吊文。

收潘家河沿郝宅租尨[九八]大錢,玖拾柒吊伍百文。

收施興胡同張姓租尨[九八]大錢,玖拾壹吊文。

收南横街趙姓租尨[九八]大錢,玖拾壹吊文。

收豆棚、皮棚租尨[九八]大錢,肆拾玖吊捌百貳拾文。

收兵馬司後街梅宅預付房租茶錢,共尨[九八]大錢壹百貳拾吊文。

收銀兑尨[九八]大錢,壹百陸拾捌吊柒百伍拾文。

支尨[九八]大錢,壹百拾叁吊叁伯柒拾伍文,撥付公車帳用。

支尨[九八]大錢,壹千零玖拾肆吊柒百貳拾伍文,兩館并各宅修理。

支尨[九八]大錢,壹百捌拾伍吊肆百伍十文,兩館常例雜用。

支尨[九八]大錢,玖拾吊文,新館長班工食,每年錢柒拾伍吊文,連上年預支錢,伍拾吊文,兩比,預支光緒元年工食錢陸拾伍吊文。

支尨[九八]大錢,玖拾伍吊文,老館長班工食,每年錢陸拾吊文,連上年預支錢,肆拾吊文,兩比,預支光緒二年工食錢拾伍吊文。

支尨[九八]大錢,貳拾吊文,叶芬工食,每年給錢拾伍吊文,連上年預支錢,五吊文,兩比,預支光緒二年工食錢拾吊文。

支尨[九八]大錢,陸拾吊文,公議給新館長班張楷,老館長班樊興後事用。

支尨[九八]大錢,貳拾捌吊捌百文,義園燒紙等用。

以上共支尨[九八]大錢，貳千零零叁吊零柒拾文，共支尨[九八]大錢，壹千陸百捌拾柒吊叁百伍拾文，除支，實存尨[九八]大錢，叁百拾伍吊柒百貳拾文。

乙亥五月十八日，因奉差出京，將租摺帳箱并契據各匣現存錢數公同結算點清，交下值接管。

付義園梓蔭堂存項息帳

咸豐六年十月六吉紙行領去曹平尨[九八]色銀伍百兩生放，對期肆釐行息。立有銀摺兩個存據。嗣于同治三年三月取用本銀壹百兩，仍現存本銀肆百兩。銀摺兩個存匣。

乙亥年五月至丁丑[①]三月樂輸館規

翟本初，四川三台縣，捌兩；

翟惟賢，江西同知，五兩；

王國梁，丙子侍衛，肆兩；

王國梁，癸酉武解元；查文標，乙亥舉人；鄭道遠，乙亥舉人；胡世樟，乙亥舉人；胡貞建，乙亥舉人；胡瑛，丙子舉人；舒誦元，癸酉舉人；吴士奇，原名爾襄，庚午舉人；查德培，乙亥舉人；左挺生，丙子舉人；吴維藩，乙亥舉人；趙鴻，丙子舉人；吴觀寶，丙子舉人；章澤鴻，乙亥舉人，以上俱貳兩

共樂輸銀肆拾伍兩。

---

①丁丑：清光緒三年，即 1877 年。

附義園捐輸

翟本初、陳席珍、洪汝濂、查文標、舒誦元各貳兩。

鄭道達、胡世樟、胡貞建、翟惟賢各壹兩。

胡瑛玖錢叁分。

共樂輸銀拾肆兩玖錢叁分。

吴芸臺經手銀總

收樂輸銀伍拾玖兩玖錢叁分。

支銀伍拾玖兩玖錢叁分,兑尨[九八]大錢肆百叁拾捌吊叁百玖拾文。

以上銀款除支無存。

錢總

收上值交來尨[九八]大錢叁百拾伍吊柒百貳拾文。

收潘家河沿劉宅租尨[九八]大錢肆百伍拾吊。

收兵馬司後街袁宅租尨[九八]大錢壹百吊文。

收兵馬司後街梅宅接租尨[九八]大錢壹千壹百肆拾吊文。

收張相公廟胡宅租尨[九八]大錢肆百陸拾吊文。

收潘家河沿郝宅租尨[九八]大錢壹百柒拾貳吊伍百文。

收施興胡同張宅租尨[九八]大錢壹百伍拾肆吊文。

收南横街趙宅租尨[九八]大錢壹百肆拾吊文。

收豆棚、皮棚租尨[九八]大錢肆拾柒吊伍百拾文。

收銀兑尨[九八]大錢肆百叁拾捌吊叁百玖拾文。

收義園梓蔭堂息銀兑尨[九八]大錢貳百肆拾吊文。

支尨[九八]大錢壹千肆百捌拾玖吊陸百玖拾文,兩館并各房修理。

支尨[九八]大錢壹百零陸吊伍百伍拾文,兩館置傢伙。

支尨[九八]大錢貳百肆拾陸吊捌百陸拾文,常例雜支。

支尨[九八]大錢壹百拾吊文,老館長班工食,連上預支拾伍吊文,二共壹百貳拾伍吊文,兩比,預支光緒四年工食錢伍吊文。

支尨[九八]大錢壹百伍拾吊文,新館長班工食,連上預支六拾五吊文,二共貳伯拾伍吊文,兩比,預支光緒三年工食錢陸拾伍吊文。

支尨[九八]大錢四拾吊文，葉芬工食，連上預支拾吊文，共五拾吊文，兩比，預支光緒四年工食錢五吊文。

支尨[九八]大錢叁拾陸吊陸百文，義園燒紙用。

以上共收尨[九八]大錢叁千陸百伍拾捌吊壹百貳拾文，共支尨[九八]大錢貳千壹百柒拾玖吊柒百文，除支實存尨[九八]大錢壹千肆佰柒拾捌吊肆百貳拾文。

丁丑三月初三日，將租摺帳箱，現存錢數，并對存契據，各匣一應物件公同點清，交下值收管。

附義園梓蔭堂存項息帳

六吉紙行原存梓蔭堂曹平尨[九八]色銀肆百兩，對期肆厘行息，除丙子年以前息銀業經支用外，本銀肆百兩仍存未動，銀摺兩個存匣。

丁丑三月初三日至四月二十三日公車經手

收舉人吴瞻菁樂輸銀肆兩。

收欽賜舉人朱宗琨樂輸銀貳兩。

收錢兑銀壹百貳拾兩，公議存亨利公記生息，立有銀摺一個存據。

支銀陸兩，兑尨[九八]大錢肆拾貳吊文。

以上共收銀壹百貳拾陸兩，共支銀陸兩，除支實存銀壹百貳拾兩，交亨利公記生息，有摺。

收上值交來尨[九八]大錢壹千肆百柒拾捌吊肆百貳拾文。

收潘家河沿郝宅租尨[九八]大錢柒吊陸百五十文。

收南横街趙宅租尨[九八]大錢柒吊文。

收銀兑尨[九八]大錢肆拾貳吊文。

支尨[九八]大錢肆百零貳吊陸百文，修葺新館補藤軒房屋各項工料。

支𨚗[九八]大錢肆拾伍吊零肆拾文,雜用。

支𨚗[九八]大錢玖百肆拾玖吊貳拾文,兑銀壹百貳拾兩,收入銀總。

以上共收𨚗[九八]大錢壹千伍百叁拾伍吊零柒拾文,共支𨚗[九八]大錢壹千叁百玖拾陸吊捌百肆拾文,除支實存𨚗[九八]大錢壹百叁拾捌吊貳百叁拾文。

丁丑四月二十三日,將帳箱各件,現存錢數,亨利公記銀摺壹個,計銀壹百貳拾兩,并義園帳箱六吉紙棧存銀摺兩個,計銀肆百兩,公同點清交值年接管。

京都涇縣館録

JINDU JINXIAN GUANLU

重刻涇縣館録序

（略）

會館樂輸題名

（依助款交到先後謹登，其登册未交款者不列）

吴廷斌	捌兩	直隸大順廣道[①]
朱　琛	陸兩	四川試差
潘家馴	柒錢伍分	江蘇候補縣丞
翟瞻奎	貳兩	癸巳科舉人
王　恕	貳兩	癸巳科舉人
朱麗成	貳兩	癸巳科舉人
洪　檠	貳兩	癸巳科舉人（湖北籍）
趙夢泰	貳兩	癸巳科舉人
朱大鏞	貳兩	癸巳科順天舉人
朱大鏞	拾貳兩	四川候補知府
吴藹仁	肆兩	山東候補知縣
王惟賢	肆兩	山東候補知縣
潘作霖	貳兩	廣東候補同知
洪恩嘉	肆兩	江蘇候補知縣
潘慶琦	貳兩	甲午科舉人
潘慶瀾	貳兩	刑部主事升員外郎

以上共收伍拾陸兩柒錢伍分，係照例喜助。

---

①直隸大順廣道：清初沿明制置大名道，駐大名府，領大名府、順德府、廣平府；雍正四年（1726）改置清河道，移駐保定府；十一年（1733）復置大順廣

道,駐大名府,領大名府、順德府、廣平府。

朱爔成	壹百兩	浙江候補道
潘駿德	貳拾肆兩	直隸清河道
潘慶瀾	肆兩	記名[1]御史、刑部員外郎

以上共收壹百貳拾捌兩,係因會館修理工程義助。

①記名:清制官吏有功绩,交吏部或军机处记名,以备提升。

義園樂輸題名

(登例照前)

潘嘉馴	貳兩	江蘇候補縣丞
王　恕	貳兩	癸巳科舉人
朱麗成	貳兩	癸巳科舉人
洪　桀	貳兩	癸巳科舉人(湖北籍)
趙夢泰	貳兩	癸巳科舉人
朱大鏞	貳兩	癸巳科順天舉人
朱大鏞	拾陸兩	四川候補知府
王惟賢	捌兩	山東候補知縣
潘作霖	貳兩	廣東候補同知
吴廷斌	拾陸兩	直隸大順廣道
洪恩嘉	捌兩	江蘇候補知縣
潘慶琦	貳兩	甲午科舉人

以上共收陸拾肆兩,係照例喜助。

陳連陞	伍拾兩	直隸候補總鎮
李竟成	拾伍兩	直隸候補道
洪恩廣	拾伍兩	直隸候補道

朱成渡	叁拾兩	江蘇候補道
潘光祖	貳拾兩	大理寺寺丞
朱焯成	叁拾兩	户部郎中
潘駿群	肆兩	前江西候補知府
潘駿德	貳拾肆兩	署直隸藩司
潘慶瀾	拾兩	記名御史、刑部員外郎

以上共收壹百玖拾捌兩,係因義園修理工程義助。

貳拾壹年[①]叁月補收會館義助

朱麟成	壹百兩	江蘇候補道

①貳拾壹年:光緒乙未,即 1895 年。

貳拾壹年會館喜助

趙振聲	捌兩	湖北歸州知州
朱講成	貳兩	甲午科舉人
吴守坤	貳兩	甲午科舉人
翟鳳翔	貳兩	癸巳科舉人

以上共收拾肆兩,内除趙振聲捌兩經洪子陶拾捌年值年借用扣還外,本年實收銀陸兩。

貳拾壹年義園喜助

趙振聲	拾肆兩	湖北歸州知州
朱講成	貳兩	甲午科舉人
吴守坤	貳兩	甲午科舉人

翟鳳翔　貳兩　　　　　癸巳科舉人

以上共收貳拾兩,除趙振聲拾肆兩經洪子陶拾值年借用扣還拾貳兩外,本年實收銀捌兩。

[出入用款帳目]

拾玖年[①]拾月潘安濤接管收賬

上手吴華峯銀款無存。

收六吉號漕平松江利銀捌兩,京平松江利銀捌兩。

收張相公廟尹宅拾壹、拾貳月租銀拾捌兩。

收兵馬司後街許宅拾月至拾貳月租銀叁拾玖兩。

收潘家河沿郝宅拾月至拾貳月租銀陸兩。

收義園王姓皮棚拾月至拾貳月租銀壹兩伍錢。

收老館鄭姓拾貳月租銀貳兩伍錢。

共收京平銀捌拾叁兩叁錢壹分,内有漕平、申平叁錢壹分在内。

收上手吴華峯交來玖捌大錢拾壹吊貳百陸拾文。

收南横街廣興糧店拾月至拾貳月租錢肆拾捌吊。

收張相公廟王永安車店拾月至拾貳月租錢肆拾捌吊。

收施興胡同張姓拾月至拾貳月租錢肆拾貳吊。

收義園程玉文拾月至拾貳月租錢拾捌吊。

收義園程玉文拾月至拾貳月租錢柒吊捌百文。

收義園信玉振拾月至拾貳月租錢叁吊玖百文。

收義園劉克讓拾月至拾貳月租錢捌吊壹百文。

收義園李德元玖月至拾貳月地租錢貳吊肆百文。

共收錢壹百捌拾玖吊肆百陸拾文。

---

①拾玖年:光緒癸巳,即 1893 年。

拾玖年拾月以後用賬

支京平松江銀捌兩，補朱小唐手還六吉號存銀京平貳百兩，申平以後取利銀仍歸漕平矣。

支松江銀壹兩肆錢捌分，兩館春聯紙。

支京平足銀陸兩，值年拾、拾壹、拾貳月修金。

共用京平銀拾伍兩肆錢捌分，比收應存銀陸拾柒兩捌錢叁分。入貳拾年賬。

支錢壹吊捌百文，運賬箱進城車錢。

支錢肆拾伍吊，買小白皮賬箱伍雙。

支錢玖百文，運皮箱進城車錢。

支錢肆吊，銅鎖四把。

支錢肆吊，收拾小皮箱底。

支錢捌百肆拾文，買皮紙包各契紙用。

支錢貳吊，新館長班手糊窗爲吴壽民住。

支錢玖拾貳吊，潘家河沿看房拾月初壹日起至貳拾年正月初貳日，共玖拾貳天。

支錢肆拾吊，老館長班工食，本年訖。

支錢陸拾吊，新館長班工食，本年訖。

支錢玖拾玖吊叁百文，老館年例，細賬詳載貳拾年例賬内。

支錢壹百肆拾吊叁百文，新館年例，細賬詳載貳拾年例賬内。

支錢壹吊，專信至威海衛與吴華峯力錢。

支錢肆吊，老館長班手糊大廳窗。

支錢貳拾肆吊，值年叁個月進香車錢。

支錢肆吊，赴六吉取利銀車錢。

支錢拾捌吊，修理新館大廳前花牆，大工陸個。

支錢拾柒吊陸百文，小工捌個。

支錢拾吊伍百文，青白灰壹百伍拾斤。

支錢貳吊，蔴刀肆斤。

支錢柒百貳拾文,補工底。

共用錢伍百柒拾壹吊玖百陸拾文,比收應欠錢叁百捌拾貳吊伍百文。入貳拾年賬。

貳拾年潘安濤值年收賬

收拾玖年存銀陸拾柒兩捌錢叁分。

收兵馬司後街許宅正月至拾月租銀壹百叁拾兩。

收張相公廟尹宅正月至玖月租銀捌拾壹兩。

收潘家河沿吴宅甲午貳月至乙未叁月租銀柒拾柒兩,茶銀在內。

收潘家河沿郝宅正月至拾貳月租銀貳拾肆兩。

收義園王姓皮棚正月至拾貳月租銀陸兩。

收老館鄭姓正月至捌月租銀拾玖兩伍錢。

收老館趙宅四月至拾貳月租銀叁拾兩,茶銀在內。

收會館例助銀伍拾陸兩柒錢伍分。

收會館義助銀壹百貳拾捌兩。

收義園例助銀陸拾肆兩。

收義園義助銀壹百玖拾捌兩。

收六吉號利銀漕平拾陸兩,合京平拾陸兩陸錢貳分。

收申平色銀玖兩玖錢陸分。

共收京平銀玖百零捌兩陸錢陸分。

收南横街廣興糧店正月至拾貳月租錢壹百玖拾貳吊。

收張相公廟王永安車店正月至拾貳月租錢壹百玖拾貳吊。

收施興胡同張姓正月至拾貳月租錢壹百陸拾捌吊。

收義園程玉文正月至玖月租錢伍拾肆吊。

收義園程玉文正月至玖月租錢貳拾叁吊肆百文。

收義園信玉振正月至拾貳月租錢拾伍吊陸百文。

收義園劉克讓正月至玖月租錢貳拾肆吊叁百文。

收義園劉克讓正月至拾貳月地租錢玖吊陸百文。

收義園李德元正月至拾貳月地租錢柒吊貳百文。
收義園孟傳珍正月至拾貳月地租錢柒吊貳百文。
收兑人錢陸千伍百玖拾壹吊貳百陸拾文。
共收錢柒千貳百捌拾肆吊伍百陸拾文。

貳拾年用賬

支銀貳拾肆兩,值年修金。
支錢玖拾陸吊,值年一年朔望進香車錢。
支錢陸吊,貳月初三、伍月拾叁、陸月貳拾肆日叁次進香車錢。
支錢陸吊,義園叁次燒紙車錢。
支錢肆吊,赴六吉號取利銀車錢。
支錢壹吊,神會及團拜叁次知單。
支錢貳百肆拾吊,新館長班工食壹百伍拾吊,過支玖拾吊。
支錢壹百肆拾吊,老館長班工食壹百貳拾吊,過支貳拾吊。
支錢陸拾吊,義園長班工食叁拾吊,過支叁拾吊。
支錢貳拾吊,新館搭葡桃[萄]架。
支錢拾叁吊,新館收葡桃[萄]架。
支錢肆吊,新館拔草。
支錢伍拾伍吊,新館年供并糊官銜牌。
支錢拾捌吊貳百文,新館壹年香燭。
支錢玖吊陸百文,新館海燈油。
支錢肆吊捌百文,新館糊神燈。
支錢叁吊貳百文,供托佛花。
支錢拾叁吊陸百文,糊門燈并燈油。
支錢陸吊,新館担子、箕帚。
支錢肆吊,新館澆花水。
支錢叁吊肆百文,糊守助燈并買燭。
支錢肆吊伍百文,糊新館對聯工并桐油。
支錢叁吊,新館年賞。

支錢拾伍吊,新館糊神殿大廳窗子。

支錢拾陸吊,新館文昌供,貳月初叁日。

支錢拾伍吊,老館關聖供,伍月拾叁日。

支錢柒吊伍百文,老館關聖供,陸月貳拾肆日。

支錢叁拾肆吊伍百文,老館年供并糊官銜牌。

支錢拾玖吊伍百文,老館壹年香燭。

支錢柒吊伍百文,老館糊窗。

支錢拾貳吊伍百文,老館海燈油。

支錢叁吊伍百文,供托佛花。

支錢貳吊,老館担子、箕帚。

支錢柒吊陸百文,老館糊燈籠、買羊燭。

支錢貳吊,傳卯打更。

支錢叁吊,老館年賞。

支錢陸吊,老館官銜牌用釘子、桐油。

支錢叁拾陸吊陸百文,義園清明、中元、拾月朔叁次燒紙,每次拾貳吊貳百文。

以上兩館義園例用銀貳拾肆兩,錢玖百零叁吊伍百文。

支銀拾貳兩,春團叁席。

支銀拾玖兩,會試拾玖位卷費。

支銀捌兩,秋團貳席。

支銀拾貳兩,鄉試拾貳位卷費。

支銀肆兩,文昌會貳席,合錢陸拾吊。

支銀肆兩,關聖會貳席,合錢陸拾吊。

支銀拾肆兩,新館添買趙壽朋所存傢伙拾伍件。

支銀叁拾兩,補税兵馬司後街市房契。

支銀壹兩,專人赴蘇州取契川資。

支銀拾貳兩,新館裱糊房肆拾間。

支銀壹兩肆錢捌分,兩館年對紙。

支銀肆百陸拾肆兩柒錢玖分貳厘,兑錢陸千伍百玖拾壹吊貳百陸拾文。

支銀柒拾捌兩肆錢陸分捌厘,正月預買白灰叁萬陸千陸百壹拾斤。

支錢叁百捌拾貳吊伍百文,還拾玖年欠賬。

支錢捌吊,文昌會貳席廚賞。

支錢貳拾陸吊捌百肆拾文,文昌會用茶、酒水、磚、煤、炭、紙、麵。

支錢捌拾伍吊,老館糊棚拾間。

支錢陸吊,老館修理時茶水。

支錢貳拾吊,新館會試打更貳拾天。

支錢捌吊,關聖會貳席廚賞。

支錢貳拾捌吊,關聖會用茶、酒水、磚、煤、炭、紙、麵。

支錢壹吊,朱鴻度喜助信方。

支錢拾貳吊,春團叁席廚賞。

支錢肆拾伍吊伍百捌拾文,春團茶、酒水、磚、煤、炭、紙、麵。

支錢貳百文,會試元卷封套。

支錢叁拾貳吊,新館糊窗棚。

支錢拾吊,老館鄉試打更拾天。

支錢貳拾吊,新館鄉試打更貳拾天。

支錢捌吊,秋團貳席廚賞。

支錢叁百肆拾文,秋團知單。

支錢叁拾吊壹百肆拾文,秋團茶、酒水、磚、煤、炭、紙、麵。

支錢陸拾吊,葉芬病故津貼。

支錢貳拾柒吊,義地做工茶水。

支錢拾陸吊,潘家河沿看房,正月初叁至拾捌日共拾陸天。

支錢捌拾吊,張相公廟看房,拾月拾壹至拾貳月叁拾日共捌拾天。

以上兩館義園雜用,銀陸百陸拾兩零柒錢肆分,錢玖百零陸吊陸百文。

修理新館瀛洲玉宇後院牆、寄春花塢西山牆、鳳池書屋南北廚房各兩間,前後全行均墁。貳月拾玖日起,叁月初叁日止。大工、木工每叁吊,小工每貳吊貳百文

支錢陸百貳拾肆吊肆百文,大工壹百陸個,木工貳拾個,小工壹百拾貳個。

支錢肆吊捌百文,青灰壹百貳拾斤。

支錢貳百陸拾玖吊伍百文,蔴刀伍百叁拾玖斤。

支錢貳拾陸吊陸百文,料半及頭、貳號揑頭丁[钉]子。

支錢玖拾貳吊柒百文,楊木檁子玖根,杆子肆拾貳根。

支錢叁拾玖吊肆百文,滑稭壹百貳拾斤,子箔肆塊零陸尺。

支錢伍吊叁百肆拾文,荷葉、屈曲、卯丁[钉]等件。

支錢玖吊伍百文,單扇門壹扇,橫拴壹根。

支錢拾貳吊柒百文,補工底。

共用錢壹千零捌拾肆吊玖百肆拾文。

新館查補大廳、貳叁廳、花廳,西院鳳池書屋後簷牆叁間坍塌折砌,房上後坡修補,平門外西小院灰棚,西山牆折砌,小雲窩坍塌壹塊修補換椽子。柒月初陸日起貳拾壹日止。

支錢捌拾陸吊,大工拾肆個,小工貳拾個。

支錢陸吊陸百文,大工叁個、小工叁個,遇雨半日止。

支錢貳吊肆百文,青灰肆拾斤。

支錢叁拾陸吊伍百文,蔴刀柒拾叁斤。

支錢壹吊柒百貳拾文,補工底。

共用錢壹百叁拾叁吊貳百貳拾文。

張相公廟尹宅全行均墁。叁月初拾日起,拾玖日止。

支錢柒拾捌吊捌百文,大工拾陸個、小工拾肆個。

支錢玖吊貳百文,青灰貳百斤。

支錢肆拾玖吊伍百文，蔴刀玖拾玖斤。

支錢壹吊陸百文，補工底。

共用錢壹百叁拾玖吊壹百文。

尹宅後院東西牆、山牆中層、臨街牆各壹段折砌，院内墁地[1]。陸月貳拾貳日起，柒月初拾日止。

支錢捌拾吊零貳百文，大工拾伍個，小工拾陸個。

支錢肆吊肆百文，大工貳個、小工貳個，遇雨半日止。

支錢拾柒吊，蔴刀叁拾肆斤。

支錢壹吊捌百文，青灰叁拾斤。

支銀貳兩柒錢，碎磚半方。

支錢壹吊柒百文，補工底。

共用銀貳兩柒錢，錢壹百零伍吊壹百文。

---

①墁地：用磚和石鋪地。

尹宅貳次均墁，捌月初肆日起，初柒日止。

支錢貳拾吊零捌百文，大工肆個，小工肆個。

支錢陸吊，蔴刀拾貳斤。

支錢叁百文，青灰伍斤。

支錢肆百文，補工底，

共用錢貳拾柒吊伍百文。

兵馬司後街許宅全行均墁，叁月初拾日起，拾玖日止，又肆月拾陸日補修壹日。

支錢壹百零壹吊捌百文，大工貳拾個，小工拾玖個。

支錢柒吊捌百貳拾文，青灰壹百柒拾斤。

支錢叁拾叁吊伍百文，蔴刀陸拾柒斤。

支錢捌百肆拾文，貓頭瓦壹塊，桶瓦叁塊。

支錢壹吊捌百陸拾文，補工底。

共用錢壹百肆拾伍吊捌百貳拾文。

許宅臨街西間里牆折砌，過道揭頂換檁子，灰棚貳間坍塌，添換檁子重砌。伍月拾叁日、陸月貳拾至貳拾伍日、柒月初伍至初陸日止。

支錢肆拾叁吊捌百文，大工伍個，木工叁個、小工玖個。

支錢貳吊貳百文，大工壹個、小工壹個，遇雨半日止。

支錢貳拾貳吊，青灰伍拾斤、蔴刀叁拾捌斤。

支錢貳拾吊，檁子伍根。

支錢拾玖吊捌百文，子箔伍塊，滑稭肆拾斤。

支錢叁吊伍百文，料半頭號捏頭丁[釘]子。

支錢玖百肆拾文，補工底。

共用錢壹百拾貳吊貳百肆拾文。

潘家河沿市房重做貳、叁兩層正房，翻蓋貳層遊廊，叁層北厢房貳間，重砌南北圍牆，正月貳拾日起，叁月初叁日止。

支錢壹千肆百拾陸吊陸百文，大工壹百肆拾伍個，木工壹百伍個、小工叁百叁個。

支錢叁百捌拾肆吊伍百文，蔴刀柒百陸拾玖斤。

支錢貳拾伍吊陸百文，青灰柒百柒拾斤。

支錢肆拾陸吊陸百文，方磚伍塊、大開條磚貳百捌拾塊、停泥磚拾塊。

支錢柒吊叁百肆拾文，滑稭壹百零伍斤。

支錢伍吊，松木分板、托席板子各壹塊。

支錢陸拾肆吊捌百文，料半頭貳號捏頭蘑菇丁[釘]子。

支錢叁拾陸吊捌百肆拾文，貓頭瓦肆拾陸個、花邊瓦壹百柒拾片、瓦口兩間。

支錢壹百零陸吊玖百肆拾文，箔捌塊拾捌丈伍尺，子箔貳塊。

支錢叁拾叁吊，松木杔壹根、檁子肆根。

支錢肆吊陸百捌拾文，荷葉拾貳塊、屈曲叁個。

支錢叁拾吊零貳拾文，血料、磚灰、紅土、青粉、膠油、洋綠、煙子、藍靛、海窩棚、矢底子等件。

支錢貳拾捌吊玖百文，補工底。

支銀貳拾玖兩玖錢伍分，松木板拾捌塊零叁尺，望板貳丈。

支銀貳兩肆錢伍分，杉木丈叁板五塊。

支銀拾肆兩陸錢，松木檁子肆根、椽子柒拾根。

支銀陸兩捌錢，丈蓆貳拾張，蓆箔貳拾張。

支銀拾捌兩，大板瓦叁千陸百片。

共用銀柒拾壹兩捌錢，錢貳千壹百玖拾吊零捌百貳拾文。

潘家河沿郝宅全行均填，修理過道并砌南牆壹道。貳月初叁日起，貳拾陸日止。

支錢壹百陸拾壹吊陸百文，大工貳拾陸個，小工叁拾捌個。

支錢拾吊，附柱子貳根。

支錢叁吊壹百陸拾文，補工底。

共用錢壹百柒拾肆吊柒百陸拾文。

老館全行均填，查補看館住房，折［拆］砌廚房及圓門，南院西房砌坎牆貳段，收拾南牆天溝，神殿南院揭頂撥正叁間并延爽齋後牆折［拆］砌。正月拾陸日起，貳月拾玖日止。

支錢伍百拾捌吊陸百文，大工柒拾伍個，木工拾伍個、小工壹百拾叁個。

支錢貳拾柒吊貳百文，白灰壹百斤，青灰伍百捌拾斤。

支錢壹百叁拾伍吊伍百文，蔴刀貳百柒拾壹斤。

支錢拾貳吊貳百肆拾文，料半頭貳號丁［釘］子。

支錢貳拾貳吊，子箔肆塊，貳丈五尺丈蓆貳張。

支錢貳拾吊，窗子貳扇、柱子壹根。

支錢叁吊叁百文，荷葉、了吊各壹付，沙子叁拾斤。

支錢拾吊伍百陸拾文，補工底。

支銀拾兩貳錢柒分，白灰肆千伍百斤。

共用銀拾兩貳錢柒分，錢柒百肆拾玖吊肆百文。

老館經雨碎修，伍月貳拾玖、陸月初柒、貳拾肆至貳拾陸，柒月拾叁、拾肆、拾柒、貳拾壹共玖日。

支錢肆拾壹吊陸百文，大工捌個，小工捌個。

支錢貳吊貳百文，大、小工各壹個，遇雨半日止。

支錢叁拾玖吊，青白灰陸百伍拾斤。

支錢貳拾壹吊，蔴刀肆拾貳斤。

支錢壹百陸拾文，貳號丁[釘]子。

支錢捌百貳拾文，補工底。

共用錢壹百零肆吊柒百捌拾文。

施興胡同張宅門樓及門道、西山牆、南北房後牆均折砌，房上全行均墁并修補西廂房，陸月初壹日起貳拾貳日止。

支錢壹百貳拾陸吊，大工貳拾個，小工叁拾個。

支錢叁拾肆吊伍百文，蔴刀陸拾玖斤。

支錢貳吊伍百陸拾文，補工底。

支銀伍兩，青白灰壹千貳百斤。

共用銀伍兩，錢壹百陸拾叁吊零陸拾文。

義園重做北屋叁間，東廂房壹間，周圍院牆。柒月貳拾日起，捌月貳拾柒日止。

支錢柒百陸拾吊零肆百文，大工捌拾柒個，木工伍拾伍個，小工壹百五拾貳個。

支錢拾伍吊肆百文，大工壹個，小工拾叁個，遇雨半日止。

支錢拾捌吊捌百文，青白灰叁百伍拾斤。

支錢貳拾叁吊，料半頭號揑頭丁[釘]子。

支錢叁拾捌吊伍百文，寸板貳尺伍寸，方子柁各貳根，柱子、連簷、風坎各壹根。

支錢伍拾壹吊，修添窗户拾伍扇，炕沿貳根。

支錢肆拾伍吊伍百文，荷葉門壹付，帶丁[釘]子捌塊，門框壹分，大門邊貳根，連簷并裝修壹槽。

支錢肆拾捌吊玖百文，滑稭壹百肆拾貳斤，箔肆塊。

支錢叁拾陸吊捌百文，炕方磚肆拾陸塊。

支錢叁吊伍百文，蔴刀柒斤。

支錢拾伍吊陸百文，補工底。

支銀拾壹兩玖錢零陸厘，蔴刀叁百叁拾壹斤。

支銀叁兩零陸分，丈蓆拾柒張。

支銀柒兩玖錢伍分，大板瓦壹千肆百陸拾片。

支銀拾兩零肆錢，碎磚貳方。

支銀拾陸兩玖錢伍分，松木柱叁根，檁玖根，檐椽捌根。

支銀陸兩伍錢，榆木柁貳根，柱貳根。

支銀貳兩柒錢，楊木杆貳拾柒根。

支銀貳拾壹兩零伍分叁厘，白灰伍千貳百玖拾斤。

支銀貳兩叁錢肆分，青白灰陸百斤。

共用銀捌拾貳兩捌錢伍分玖厘，錢壹千零伍拾柒吊肆百文。

義園修理上坡貳百塚，捌月拾貳日起，拾柒日止。

支錢壹百陸拾貳吊陸百文，大工伍拾陸個，小工肆拾叁個。

支錢五吊叁百文，補工底。

支銀貳拾柒兩貳錢陸分叁厘，白灰陸千捌百伍拾伍斤。

支銀壹兩柒錢伍分，青灰肆百伍拾斤。

支銀貳拾貳兩貳錢柒分捌厘，蔴刀陸百壹拾捌斤。

共用銀伍拾壹兩貳錢玖分壹厘，錢貳百陸拾柒吊玖百文。

義園修理下坡壹百伍拾壹塚，拾月拾貳日起，拾捌日止

支銀貳拾兩，包工料。

以上貳拾年統共用銀玖百貳拾捌兩陸錢陸分，比收應欠銀貳拾兩，入貳拾壹年賬；

統共用錢捌千貳百陸拾陸吊壹百肆拾文，比收應欠錢玖百捌拾壹吊伍百捌拾文，入貳拾壹年賬。

貳拾壹年正月至叁月收賬

收兵馬司後街許宅,貳拾年拾月拾叁日起至貳拾壹年貳月叁拾日止,連茶銀扣去,共付租銀肆拾陸兩叁錢柒分。

收潘家河沿郝宅正月、貳月租銀肆兩。

收義園王姓皮棚正月至閏五月租銀叁兩。

收老館趙宅正月、貳月租銀陸兩。

收會館義助銀壹百壹拾肆兩。

收申平色銀玖錢壹分。

共收京平銀壹百柒拾肆兩貳錢捌分。

收南横街廣興糧店正月至叁月租錢肆拾捌吊。

收張相公廟王永安車店正月、貳月租錢叁拾貳吊。

收施興胡同張姓正月、貳月租錢貳拾捌吊。

收義園程玉文貳拾年拾月至貳拾壹年正月租錢拾吊零肆百文。

收義園程玉文貳拾年拾月至貳拾壹年正月租錢貳拾肆吊。

收義園信玉振正月租錢壹吊叁百文。

收義園程玉文貳、叁月租錢貳拾吊,自貳月起程玉文、信玉振合并每月租錢拾吊。

收義園劉克讓貳拾年拾月至貳拾壹年貳月租錢拾叁吊伍百文。

收兑入錢捌拾吊。

共收錢貳百伍拾柒吊貳百文。

貳拾壹年正月至叁月用賬

支銀陸兩,值年叁個月修金。

支銀肆兩,新館長班支工合錢陸拾吊。

支銀肆兩,新館長班妻故津貼合錢陸拾吊。

支銀貳兩,義園長班支工合錢叁拾吊。

支銀貳拾兩,還上年同太木廠欠賬。

支銀陸拾貳兩貳錢捌分，還上年同太木廠欠賬，合錢玖百捌拾壹吊伍百捌拾文。

支銀貳兩，文昌會壹席，合錢叁拾吊。

支銀玖兩，會試玖位卷費。

支銀伍兩伍錢，還吳綸軒潘家河沿住房茶銀。

支銀伍兩伍錢，兑錢捌拾吊。

共用銀壹百貳拾兩零貳錢捌分，比收應存京平足銀伍拾肆兩。

支錢拾陸吊，文昌會神供。

支錢肆吊，文昌會廚賞。

支錢貳拾叁吊，文昌會茶、酒水、磚、煤炭、紙、麵等用。

支錢壹百貳拾文，知單。

支錢壹吊貳百陸拾文，報單紅紙捌張。

支錢叁百文，釘皮箱銅環。

支錢貳拾吊，新館糊窗玖間。

支錢貳拾吊，新館長班支工。

支錢貳拾捌吊，老館長班支工。

支錢拾陸吊柒百文，義園長班支工。

支錢壹百貳拾文，送卷費紅封玖分。

支錢陸拾肆吊，正月初壹日起至叁月初五日張相公廟看房陸拾肆天。

支錢拾貳吊貳百文，清明義園燒紙。

支錢壹吊，朱敵山來信力。

支錢貳拾捌吊，值年朔、望進香及貳月初叁、清明燒紙車錢。

共用錢貳百叁拾肆吊柒百文，比收應存錢貳拾貳吊伍百文。

補税兵馬司後街市房契底

立補税契。涇縣會館今因本館嘉慶拾捌年買置宣武門外、米市胡同中間、兵馬司後街西口路北黄姓市房壹所，舊税紅契年久遺失，兹由舊刻館録中將原買黄姓契底并上首内務府發給執照底一并鈔呈。懇求憲臺准與補税。自税之後，舊契尋出作爲廢紙。謹鈔録原契如左[下]：

立賣房契。黄左田今將買就内務府陳廷學入官住房壹所，大小共伍拾肆間，門窗户壁上下土木相連，坐落宣武門外米市胡同中間，兵馬司後街西口路北。憑中説合，情願賣與涇縣會館爲業，三面言明賣價足紋銀壹千捌百兩整。其銀當日交足不欠。自賣之後，永斷葛藤。倘有親族人等爭競等情，有賣主同中保人一面承管。恐後無憑，立此賣房契永遠存照。此房有内務府發給執照壹張，跟隨又照。

嘉慶拾捌年拾月立賣房契人：黄左田

中保人：王子卿

契尾：布字伍百玖拾貳號

計鈔執照

總管内務府官房租庫爲給發執照事，照得本府奏准售賣官房准令。八旗官員兵丁栢唐阿人等交納現銀認買在案。今據内閣學士黄鉞交現銀認買宣武門外米市胡同陳廷學入官住房伍拾肆間，價銀壹千捌百兩。等因奏准，賣給在案。查此項房價銀兩業經廣儲司銀庫如數收訖，相應給發執照。須至執照者。

嘉慶拾捌年拾月拾叁日給

補税契尾：中字第捌百柒拾伍號

光緒貳拾年正月　日

續增規條

（略，見前“光緒乙未年續增規條”）

會館賬箱存儲各物總數

第壹號賬箱内存：新館舊摺叁個、長班工摺壹個、南横街市房舊摺陸個、兵馬司市房舊摺拾貳個、潘家河沿市房舊摺叁拾陸個、皮棚舊摺拾個、義地增合號舊摺肆個、豆芽棚舊摺壹百零柒個、老館舊摺玖個、工摺壹個、小施興胡同舊摺拾個、西順興廢摺壹個、喜助票板壹塊。

第貳號賬箱内存：張相公廟舊摺拾陸個、教場叁條胡同舊摺捌個、兩館做工存銀廢摺捌個、嘉慶年間館賬貳拾貳本、嘉慶年間舊賬壹包（歷年承管租約、議字、執照，共拾玖件，串票壹扎，餘皆零賬）、又零賬壹小包、議字承管等件壹小包（義園教場叁條胡同官房議字共肆件、信壹件、兩館長班承管肆紙、胡春帆陰陽榜壹紙、義園定向壹紙）、義園募捐板壹塊。

第叁號賬箱内存：義園簿及承管租約壹包、賣葦字及執照壹包、嘉道年知單壹包、吴雲樵細賬壹包、近年知單壹包、龔長班承管字及工賬等件壹包、康雍乾嘉道年間館規壹包、嘉慶伍年收息賬并零賬壹包、道光叁年至貳拾伍年零賬壹包、道光貳年至貳拾伍年值年細賬并知啟壹包、朱吴潘經手零賬（共柒包）壹包、潘手用賬壹包、光緒肆年潘梅園手工賬壹捲、嘉慶貳拾伍年零賬壹包、長班承管字及高廟僧懇字關門票壹包、義園請求底等件壹包、樂輸單市房做法單壹包、義園捐輸信等件壹包。

第肆號賬箱内存：嘉慶拾柒年賬簿伍本、義園賬簿玖本、乾隆年賬柒本、光緒肆年至拾柒年值年細賬拾肆本、館録板貳塊、館録肆本、義園塚數總登簿壹本。

第伍號賬箱内存：道光陸年至貳拾柒年賬簿拾壹本、道光貳拾壹年至咸豐叁年賬簿拾壹本、康熙年賬陸本、道光貳拾肆年至同治伍年賬柒本、朱景唐朱柜泉細賬吴静山陰陽榜壹包、義園租約等貳拾件壹包、義園告示等件壹包、義園碑文墨搨玖張。

第陸號賬箱内存：補税兵馬司後街市房紅契壹紙（内附王錫九致方信壹件、姚二吉家人侯良臣收銀名片壹紙）、黄左田兵馬司後街找契壹紙、劉西齋張相公廟南頭市房賣契壹紙、劉西齋紅契壹紙、佟受軒張相公廟南口外市房紅契壹紙、佟受軒南横街堂子胡同市房紅契壹紙、佟受軒收付字壹紙、佟受軒找契壹紙、佟上首劉李氏白契壹紙、佟上首李景元紅契壹紙、佟上首孟祥白契壹紙、佟上首藍立柱白契壹紙、藍上首黄張氏紅契壹紙、孟上首王文財紅契壹紙、孟上首包聲遠紅契壹紙、吴華峯朱子俊趙壽明信三件，（以上共壹包）；劉姜氏堂子胡同對過市房紅契壹紙、劉上首趙祥德紅契壹紙、趙上首陳奉璽紅契壹紙、陳上首翁世榮紅契壹紙、翁上首寇天禄、寇天福紅契壹紙、寇上首寇士巩紅契壹紙、張景山南堂子胡同對過市房分與黄姓分單壹紙、張上首祝姚氏紅契壹紙、祝上首安張氏紅契壹紙、安上首劉有智典契壹紙、劉上首趙國璧紅契壹紙、李端儒張相公廟南口外路西市房紅契壹紙、李上首陳錦堂紅契壹紙、李上首陶然亭僧魁宗紅契壹紙、僧上首寇國棟紅契壹紙、李上首劉士奇紅地契壹紙、劉上首寇國棟紅地契叁紙、李上首吕文趾紅契壹紙、吕上首王世臣白契壹紙、王上首句德峻紅契壹紙、句上首曹文郁紅契壹紙、曹上首王家棟紅契壹紙、王上首李景元紅契壹紙（以上共壹包）；楊震等中城中西坊二鋪市房紅契壹紙、楊上首張聖瑞紅契壹紙、張上首張文侯紅契壹紙、陸蓴樓、陸雋叔南堂子胡同對過小胡同市房紅契壹紙、陸上首張禄堂紅契壹紙、張上首邵宅典契壹紙、邵上首胡文焕典契壹紙、胡上首王應岐破爛房典契壹紙、王上首韓士鳳典契壹紙、韓上首謝錦堂典契壹紙、謝上首寇士玘紅契壹紙、寇士玘廢紅契貳紙、李永茂堂子胡同對過小胡同市房典契壹紙、李上首黄照典契壹紙、黄上首胡永耀典契壹紙、胡上首吕泰、吕徵典契壹紙、艾實夫潘家河沿中間路東市房典契壹紙、艾上首張光裕典契壹紙、張上首錢松雲典契壹紙、錢上首袁修業典契壹紙、翟信壹件、房摺貳個(以上共壹包);胡曙山潘家河沿路東市房紅契壹紙、胡上首張念兹紅契壹紙、張上首錢玉紅契壹紙、錢上首鍾亮紅契壹紙、又鍾亮典契壹紙、又鍾亮白契壹紙、鍾上首吕承恩紅契壹紙、又吕天恩收錢字壹紙、又吕承恩押字壹紙、吕上首李念恭典契壹紙、李上首卞之鎬典字壹紙、吕上首卞之鎬紅契壹紙、街道廳執照壹紙、翟信壹件、李文英張相公廟南口外路北市房紅契壹紙、李上首吕嘉申紅契壹紙、吕上首李張氏紅契壹紙、李上首寇國棟紅契壹紙、又寇國棟典契壹紙、又寇姓典契壹紙、又甯輯五賣空地紅契壹紙、上首租摺壹個、城上執照壹紙、皮作坊租稿壹紙、宋劉氏典地契壹紙、王老兒吐退字壹紙、葉姓承管字壹紙、教場三條胡同市房梁小莊頂契壹紙、新館及兵馬司後街市房契底伍紙(以上共壹包);蕭沛之中東坊小施興胡同典契壹紙、蕭上首楊式金紅契壹紙、楊上首婁式之紅契壹紙、婁上首孟學文紅契壹紙、孟上首陳印紅契壹紙、陳上首李永清紅契壹紙、又李永清投税紅契壹紙、李上首倪文錦紅契壹紙、又倪文錦投税紅地契壹紙(以上共壹包);姚良菴借字壹紙(壹百兩)、鄭和甫(名秉醑,江西上饒人)借字壹紙(壹百兩,其子鄭溫玉還本銀伍拾兩)、吴定生領借字壹紙(柒拾兩)、會試諸公借字陸紙(吴石泉貳拾兩、趙蓮塘叁拾兩、胡茂臣伍拾兩、胡佐祥貳拾兩、胡調臣拾兩、吴俊臣叁拾兩)、同治甲戌年議字壹紙、光緒叁年議字壹紙、同鄉知單壹紙、取亨利公號存銀議字壹紙(以上共壹包);道光年館録底稿壹本、清查文底簿壹本、黄布包袱壹個、六吉紙棧存銀摺貳個(共漕平肆百兩)、新舊鎖匙各壹挂、長班工摺叁個、張相公廟市房租摺壹個、兵馬司後街市房租摺壹個、潘家河沿市房租摺貳個、南横街糧店市房租摺壹個、張相公廟車廠租摺壹個、小施興胡同市房租摺壹個、義園皮棚租摺壹個、義園豆芽棚租摺壹個、又劉克讓房租摺壹個、義園劉克讓孟傳珍李德元地租摺各壹個、舊摺陸個。

第柒號賬箱内存：捐册貳本、舊捐册壹本、花布包袱貳個、黄布包袱壹個、封条板壹塊、封条壹扎、館録四本、光緒肆年至貳拾年賬目總登簿叁本、光緒拾玖年貳月至玖月吴華峯細賬壹本、光緒拾玖年拾月至貳拾年拾貳月潘安濤細賬壹本、光緒貳拾年知單及工程賬單壹包、算盤壹個、天平壹匣（砝碼全副）、玻璃燈肆架。

老館木器存數

方桌拾叁張、條桌大小柒張、木床玖張、茶几肆個、椅子拾張、杌櫈[凳]拾叁個、破櫈[凳]叁個、板櫈[凳]肆條、破板櫈[凳]貳條、水罈子肆個、箱架肆個。

新館木器存數

大方桌柒張、新置大方桌貳張、中方桌陸張、破大方桌拾壹張、小方桌壹張、長桌肆張、破長桌柒張、半桌貳張、破半桌貳張、新置半桌壹張、椅子捌張、新置椅子貳張、破椅子拾貳張、方櫈[凳]拾伍張、破方櫈[凳]叁拾貳張、新置方櫈[凳]肆張、書架叁張、木床貳拾叁張、破木床捌張、新置木床貳張、箱架貳拾叁個、新置箱架壹個、茶几捌張、新置茶几貳張、坑桌壹張、新置坑桌壹張、坑几壹張。

以上各件均查清點交長班收存。如有破壞添置，由長班隨時回明值年登簿。無論何人不准外借，若有短少，着落長班賠補。

明文進士[①]題名

鄭　瀾（永樂甲申）	劉伯大（永樂辛丑）	趙　昌（景泰甲戌）
魯　能（廣東籍）	左　曄（天順甲申）	王　達（成化丙戌）
董　綱（成化壬辰）	董　傑（成化丁未）	沈　淮
童　寬	左　然（宏治[②]庚戌）	趙履祥

左　輔(宏治丙辰)	章　嵩(宏治乙丑)	蕭　瑞(正德戊辰)
倪　鶚(正德丁丑)	沈　奎(正德辛巳)	董　鋐(嘉靖癸未)
左　鎰(嘉靖壬辰)	王廷榦	董　玠
查　絳(嘉慶庚戌)	翟　台(嘉靖己未)	趙　睿(嘉靖壬戌)
鄭　欽	查　鐸(嘉靖乙丑)	蕭　彦(隆慶辛未)
蕭良榦	鄭　鋭	趙善政
趙　健(萬曆丁丑)	趙士登(萬曆庚辰)	蕭　雍(萬曆癸未)
徐　榜	葉永盛(萬曆己丑)	王文燿(萬曆壬辰)
張應泰	吴光義(萬曆辛丑,無爲州籍)	
左光斗(萬曆丁未,桐城籍)		吴尚默(萬曆丙辰)
查日俞(天啟乙丑)	翟　翼(崇禎庚辰)	朱　儀(特用榜)
翟文術(特用榜)	洪維翰(崇禎癸未)	

①進士:意即貢舉的人員。唐代科目中以進士科最被重視,明、清兩代,始以進士爲考中者的名稱,凡是舉人(鄉試考中者)經過會試考中者爲貢士,由貢士經過殿試録取者爲進士。

②宏治:應爲弘治。文中均同。

國朝文進士題名

胡尚衡(順治壬辰)	洪乘軒(順治己亥)	胡開生(康熙甲辰)
趙時可(康熙丁未)	吴維駿(康熙庚戌)	王國彦(康熙壬戌)
胡承謀(康熙庚辰)	胡承讚(康熙癸巳)	胡蛟齡(雍正癸卯)
胡承璘	章　台(雍正甲辰)	葉居仁
趙青藜(乾隆丙辰會元①)		王德欽(乾隆丁巳)
胡承壂	胡世科(乾隆己未)	葉沃若(乾隆辛未)
翟大程(乾隆庚辰)	翟　槐(乾隆乙未)	吴芳培(乾隆甲辰)
翟繩武	胡秀森	朱理(乾隆丁未傳臚②)

胡先聲（乾隆庚戌） 陳　鏊（乾隆癸丑，六安州籍）

趙良霨（乾隆乙卯） 朱　寵（嘉慶丙辰） 朱　琦（嘉靖壬戌）

胡承珙（嘉慶乙丑） 吴昌齡（嘉慶戊辰） 吴　鸞

朱　鍾（嘉慶己巳恩科[3]） 胡世墉（嘉慶辛未） 潘錫恩

胡世琦（嘉慶甲戌） 朱　楣 吴敬恒（嘉慶丁丑）

查燿文 翟發宗（嘉慶己卯恩科）

查炳華（道光壬午恩科） 翟奎光（道光壬辰恩科） 吴運樞

翟惟善（道光癸巳） 翟　松（道光丙申） 查　彬

查日華（道光庚子） 朱夢元（道光甲辰，江西籍）

朱𢢍侯（道光乙巳） 馬益臧（道光丁未） 左駿章

吴焯（道光庚戌）

吴之俊（咸豐壬子） 洪調緯（咸豐丙辰） 吴　墉（咸豐庚申）

吴善寶（同治癸亥恩科） 朱成棠（同治戊辰）

朱　琛（同治辛未，江西籍） 趙錦章

胡鴻澤（同治甲戌） 王　肅 舒　愷

查之屏（光緒丁丑） 左挺生 吴維藩（光緒庚辰）

胡毓材（光緒丙戌，原名懋齡） 趙　鴻（光緒庚寅恩科）

朱祥暉（湖北籍） 王　恕（光緒乙未）

---

①會元：科舉制度中鄉試中式爲舉人，舉人會試中式第一名爲會元。

②傳臚：科舉制度中殿試二甲第一名（清代），明代第二、三甲第一名皆稱爲傳臚，至清則專稱。

③恩科：恩科始於宋，明、清亦沿用。宋時科舉，承五代後晉之制，每三年舉行鄉、會試，是爲正科。遇皇帝親試時，可別立名册呈奏，特許附試，稱爲特奏名，一般皆能得中，故稱"恩科"。清代于尋常例試外，逢朝廷慶典，特别開科考試，也稱恩科。

明文舉人[1]題名

劉　泳（建文己卯） 宗廣生 鄭　灝（永樂癸未）

邵　員(永樂乙酉)	程　富(永樂戊子)	趙　彬(永樂辛卯)
汪　淵	劉伯大(永樂甲午)	左　景(宣德丙午)
曹　定(宣德己酉)	劉伯謙(正統辛酉)	王　瑀
趙　璿(正統甲子)	趙　昌(景泰庚午)	左　曄(景泰癸酉)
徐　旭(天順壬午)	蕭貴路	王　達
左　然(成化辛卯)	董　綱	沈　淮(成化戊子)
董　傑(成化丁酉)	童　寬(成化癸卯)	趙履祥(成化丙午)
徐　賢(宏治壬子)	徐　冠	章　嵩(宏治乙卯)
左　輔	王　輔	徐　瓚
左　暹(宏治戊午)	董　珪	董　銀
趙　琨(宏治辛酉)	倪　鶚	蕭　瑞(正德丁卯)
沈　奎(正德己卯)	董　鋐(嘉靖壬午)	董　玿(嘉靖乙酉)
王廷幹(嘉靖辛卯)	左　鎰	蕭　謐
趙　瓊(嘉靖庚子)	張　炫	王　柱
查天民(嘉靖癸卯)	徐希周	查　絳(嘉靖丙午)
章文叙	朱　鍛	查　鐸(嘉靖己酉)
趙　睿	趙世卿	朱　諭(嘉靖己卯)
翟　台	鄭　欽	蕭良幹(嘉靖辛酉)
翟　著	趙善政	趙　健(隆慶丁卯)
趙　伸	蕭　彥	鄭　鋭
董　旦	趙士登(隆慶庚午)	章廷訓
王日就	查大期(萬曆丙子)	鄭一元
趙士喬(萬曆己卯)	包大智	翟廷招
蕭　雍	趙士際(萬曆壬午)	張應泰
葉永盛	徐　榜	胡植芳(萬曆乙酉)
王文爟(萬曆戊子)	王之褒	王茂錫(萬曆辛卯)
左天德	徐仲立	翟拱辰
查三聘	蕭思似	吴光義(無爲州籍)

吳尚默(萬曆甲午)	張一鑑(萬曆丁酉)	蕭　麐(萬曆庚子)
左光斗(桐城籍)	鄭極祥(萬曆癸卯)	張應恩(萬曆丙午)
查日愈	王時復	衛　佳
吳元璽(萬曆壬子)	胡世及(萬曆戊午)	葉天眷(天啟辛酉)
洪維翰	翟敷治	趙碩來
左光先(天啟甲子,桐城籍)		翟　翼(天啟丁卯)
趙　夔(崇禎庚午)		
翟文術(崇禎癸酉)	王雲龍	朱　儀(崇禎丙子)
胡尚衡(崇禎己卯)	萬應隆	

①舉人:原指被推薦之人,爲歷代對各地鄉貢入京應試者的通稱。明、清兩代,爲鄉試考中者的專稱。

國朝文舉人題名

王鵾化(順治戊子)	章華國(順治辛卯)	趙時可
洪乘軒(順治甲午)	趙崇學	洪世紱(順治丁酉)
吳維駿	查會生(順治庚子)	王廷謀(康熙癸卯)
胡開生	王宏締(康熙丙午,貴州籍)	
王國彦(康熙乙卯)	胡　昱(康熙丁巳)	胡岑齡
潘乘龍	汪尚銘(康熙戊午)	董際昌(康熙癸酉)
胡承謀(康熙己卯北榜)	翟一枝(康熙乙酉)	鄭文徵(康熙戊子)
董　明	張書紳(康熙辛卯)	吳兆龍
胡震方(北榜①)	胡承瓚(康熙癸巳)	吳　蕙(康熙甲午)
吳　嶺	胡　時(康熙丁酉)	胡承璘(康熙庚子)
趙知希	胡蛟齡	翟　偓
蕭學書(雍正癸卯)	吳善會	章　台(雍正甲辰)
葉居仁	胡承炎	胡承詵(雍正丙午)

胡擇先	王德欽	鄭文熊
葉沃若(雍正己酉)	俞掄文(雍正壬子)	趙青藜(北榜經元[②])
葉望久(雍正乙卯)	胡世科	胡承壂
汪猶龍	左國林(桐城籍)	陳　銓(繁昌籍)
王承超(乾隆丙辰)	趙希文	左　亮(乾隆戊午)
鄭應鶴	王承浩	鄭　景(北榜)
趙昌國(乾隆辛酉)	胡粵生(北榜)	胡承福(乾隆甲子)
吴兆熊	趙崇圖	胡承烈
趙良霦(乾隆丁卯)	陳麟書(乾隆庚午)	鄭居中
趙世琛	趙良震	趙友烺(乾隆壬午)
胡承譜	胡青芝	陳于襄(乾隆癸酉)
葉　諤	翟大程(北榜)	胡　筠(北榜)
趙　獬(乾隆丙子)	朱　梓(乾隆己卯)	胡承瓏
洪學蘇(乾隆庚辰)	陳爲霖(乾隆壬午)	趙　帥
胡世程(乾隆己酉)	胡先祿(乾隆戊午)	吴士驥
翟繩祖(乾隆庚寅)	翟永檀	吴英培
查雲路(河南籍)	鄭廷猷(乾隆辛卯)	趙良霱
翟　槐	沈　寅	胡秀森(乾隆甲午,四川籍)
潘成章(乾隆丁酉)	趙　暄	朱　棠(乾隆己亥)
胡先潞	吴　鑑	吴兆奎
吴成琢	吴芳培	吴　濬(北榜)
胡世璇(乾隆庚子)	吴壽昌	朱　理(乾隆癸卯)
胡先聲	胡先抱	朱　寵(乾隆丙午)
吴承紱	左　暉	胡先聯
葉　讃	翟　琭	洪　昭(四川籍)
衛　珽(乾隆戊申)	包幹臣	胡承諄
吴昌齡(乾隆己酉)	朱一慊	陳寶琭
趙文標(乾隆壬子)	包　琇	朱　槃

陳　鏊(六安州籍)	胡世墉(乾隆甲寅)	胡澤淵
胡世琦	胡先春	朱　琦
查　醴	葉必藩(嘉慶乙卯)	朱　煊
馬肇勳(北榜)	趙懋曜(嘉慶戊午)	吳寶潤
朱　恒	吳徽休(北榜)	吳　鸞(嘉慶庚申)
吳　棫	吳先程	查耀文
朱　澧(四川籍)	胡承珙(嘉慶辛酉)	吳敬恒
吳世旃	吳學洙	吳文炳(北榜)
吳鴻裁(北榜)	洪　茂(江西籍)	
查崇恩(解元,河南籍)	洪　昫(四川籍)	
翟發宗(嘉慶甲子)	趙慶祖	朱　楣
胡世敦	吳廷輔	朱　鍾(嘉慶)
章作舟	潘錫恩	包世臣(嘉慶戊辰)
董正治	朱廷魁	吳雲程
胡沛澤	吳運樞(嘉慶庚午)	吳　森(嘉慶癸酉)
趙逵儀	朱賓書(嘉慶丙子)	趙學會
胡貞幹	吳世宣	沈　培(嘉慶戊寅)
查炳華	朱俞昌(嘉慶己卯)	朱　份
吳望會	吳奏言(道光辛巳)	胡炳光
潘肇書	包世棨	胡國櫟(道光壬午解元[3])
吳欣會	吳　浚	朱　鼒
吳彭齡	吳庸熙(道光乙酉)	鄭　驤
吳承寵	朱崇實	朱秀實
翟惟善	胡寶賢	翟奎光
吳麗澤	胡澤沛(湖南籍)	吳堯潘(道光戊子)
趙書升	萬　森	馬益臧(道光辛卯恩科)
朱彥昇	陳守謙	左履鼇
張以潤	吳　錡	翟廷棨(北榜、榜名千齡)

朱鼎元(道光壬辰)　胡光岱　翟潄芳
朱　堃(榜名國瑞)　曹　份　陳作霖(北榜)
胡　譢(道光甲午)　吴捧綸(北榜)　查　彬(道光乙未恩科)
包慎言　吴嘉言　翟　松(北榜)
吴　焯(道光丁酉)　吴　沅　吴崇壽
朱元泰　洪天詡　左駿章
吴朝賓(道光己亥北榜)　胡有容　查日華
吴慕會　朱榮實(道光庚子恩科解元)　趙希濂
吴之俊　吴夢會　查佩恩
吴朝宗　趙同炳(道光癸卯)　查廷柱
胡佐祥　吴良翰　朱巹侯
朱夢元(江西籍)　胡嗣宗(道光甲辰恩科)　胡悦祖
趙欽倫　吴汝楫　吴奏策
洪汝奎(湖北籍)　陳　夑(道光丙午)　吴應魁
徐文泉　吴履福　查善徵
吴　墉　鄭文淦　王　佐
吴人瑞(道光己酉)　朱宗湛　吴作霖
查駿熙(順天籍)　朱　榜(湖北籍)　吴紹烈(咸豐辛亥恩科)
吴之鋭　吴中英(咸豐壬子)　吴善寶
朱步雲　洪恩駿(道光辛巳,湖北籍)
洪調緯(道光己酉,湖北籍)　洪調笙(咸豐辛亥)
章　夏(咸豐己未,恩科補乙卯)　吴履亨　吴以烜
胡貞觀　朱維垣　胡鴻澤
查善長(咸豐辛酉北榜)　張　奊
翟本初(補辛亥乙卯,廣西籍)　朱宗濤(同治甲子,補戊午)
朱昱中　朱仲林　吴慎旃
洪振逵　潘江藻(同治丁卯,補辛酉)　翟增榮
趙錦章　包銘謙　舒　愷

朱成棠	朱寶霖	沈世榮(同治庚午補壬戌)
吳　瀚	翟英元	趙元榜
查之屏	李竟成	吳樹棠(榜名爾襄)
朱振綱	吳報高	王　鼐
查巘廷	胡桂芳	查承恩
朱　琛(江西籍)	吳煥榮(北榜)	吳　淞
朱遵逵(同治癸酉)	吳瞻菁	舒誦元
潘　熙	趙夢奇(北榜)	文星照(同治甲子,江西籍)
吳維藩(光緒乙亥、恩科)	查文標	胡貞健
胡世樟	吳之鸞	查德培
章澤鴻	鄭道遠(湖北籍)	吳觀寶(光緒丙子)
胡　瑛	趙　鴻	左挺生
洪錫庚	潘官懋(光緒己卯)	后有定
胡懋齡	唐耿光	洪子權
左賦三	胡青雲	朱宇煇(光緒壬午)
鄭鶴章	倪承端	趙振聲(光緒乙酉亞元[4])
查富棣	朱焯成	胡世昌
胡　恣	朱起琇(光緒戊子)	朱　錕
查煥章	查秉鈞(光緒己丑恩科)	趙之奇
查文淵	洪桂芬	王　楝
朱度成	朱祥暉(湖北籍)	後　贇(貴州籍)
翟延一(北榜)	朱學會(光緒辛卯)	洪爾謚(四川籍)
洪子祁(四川籍)	洪爾振(北榜,四川籍)	
趙夢泰(光緒癸巳恩科)		朱麗成
翟瞻奎	翟鳳翔	王恕
洪　槩(湖北籍)	朱大鏞(北榜)	潘慶琦(光緒甲午)
趙純熙	朱講成	吳守坤

①北榜:明代北京順天府鄉試録取的榜帖。

②經元:科舉制度中,鄉試第二名至第五名稱經元。

③解元:中國唐代對鄉試第一名的稱謂。在唐代,科舉中舉進士者皆由地方解送入試,故相沿稱鄉試第一名爲解元。

④亞元:鄉試第二名。

明武進士[1]題名

王　猷(萬曆癸未)	王大亨	趙　斌(萬曆己丑)
趙文憲(萬曆壬辰)	張國望	趙應時(萬曆辛丑會元)
鄭廷敬	吴江龍(萬曆丁未)	查國甯
翟國儒	查惟欽(萬曆庚戌)	王　輔(萬曆丙辰)
趙一斌(萬曆己未)	翟啟明(天啟壬戌)	文佐明
徐應第	王　佐	查懋修(天啟乙丑)
張載賡(崇禎辛未榜眼[2])	蕭　耀	陳　旦(崇禎庚辰)
陳應祥	翟　元	蕭家駿(崇禎癸未)
趙明英		

①武進士:明清時武舉殿試及第者的稱謂。地位比文進士低,主要考馬步弓戰、策論等項目。

②榜眼:廷試一甲第二名的稱謂。據《稱謂録》記載:"榜眼名目,始于北宋。古者原以第二、三兩名爲一榜眉目;眼必有二,故第二、第三皆爲榜眼。後以第三爲探花,遂專以第二爲榜眼。"

國朝武進士題名

胡貢明(順治戊戌)	胡光昌	查道生
方亦臨(順治辛丑)	王　斌	王　維

趙嶽生　　張　信（康熙丁未）　趙九成（康熙庚戌）
汪應超　　董　嶽　　李初生（康熙己未）
李初芳（乙丑）　　王國梁（光緒丙子恩科）　鄭良樹（光緒庚辰）

明武舉人題名

（原立扁額未載明某人某科，謹照原文録存，俟查清再行補載）

方茂時　鄭　燧　翟一元　陳大章　查華國　查鳴宦
翟　道　衛　國　查良臣　翟應麟　翟廷鋮　王之幹
查國輔　陳安國　陳希尹　鄭　匡　王大藩　鄭　祭
鄭　範　包　新　陳　琦　周時揚　查文炳　翟應秋
翟應蛟　王　則　蕭思選　王際逵　翟汝珍　汪以均
王良玉　董一元　翟惟誠　翟汝珍　翟　弘　董　華
錢國輔（解元）　翟廷選　王重榮　包　魁　沈一相
左元卿（亞元）　查建明　萬國熙　查廷對　洪有威
包孟達　翟夢鶴　鄭惟藩　查登瀛　查國璽　查玉鉉
鄭大勳　鄭廷璧　左光祐　文贊明　吴汝端　文　澄
趙　憲　陳三策　翟匡國　趙　校　張元熙　查　宰
王懋中　陳時文　陳中積　翟耀誠　趙　貴　翟元吉
吴士弘　翟　宩　鄭廷勅　衛邦明　陳希尚　舒國威
胡元靖　陳時彦　翟時順（戊子）　包孚遠　翟以昇
查允選　查國聘　趙國光　趙　羽　翟繼明
潘有望（天啟辛酉）　董世熙　董士俊　翟廷誠　王懷遠
左　江　衛元勳　查鳴鶴　董三策　翟廷命　董元勳
陳秋芳　查夢龍　趙必爵　查光裕　洪允昇　查靖國
查國幹　王　譽　陳積昌　包有慶　王於麟　李完真
文尚絅　陳惟一　周天眷　文國華　文國光　蕭國禎
潘雲龍（天啟辛酉）　查遇時

國朝武舉人題名

趙習(順治戊子) 吴永忠 吴悦我(順治辛卯) 吴之理

查翼聖 文明時 張 沂 趙承恩 查時可 翟國瑾

查干城 胡光昌(順治甲午) 吴 從 胡貢明 包應第

左應奇 翟良輔 包任第 查道生 翟 習 翟應宣

吴茂楠(順治丁酉) 查志洙 方亦臨 左可楝 趙嶽生

王 斌 王 維(順治庚子) 吕夢弼 趙維新

王時雨(康熙癸卯) 查國鎮 王應超(康熙丙午) 張信

洪國銑 舒之任 趙 超 周天祜(北榜) 趙九成(康熙己酉)

趙際泰 胡干城 董 嶽(康熙乙卯) 翟文臺 潘守忠

鄭日紅 胡國幹(康熙辛酉) 章補元 趙九徵 吕初芳

章天眷(康熙甲子) 趙廷幹 王 勳 翟文統

張玟(康熙丁卯) 王時際 查汝翼 曹祐文 文一柱

葉向亮(康熙庚午) 趙健邦(康熙己卯) 趙 睿

查紹韓(康熙戊子) 胡鎮遠(康熙癸巳) 翟承家(康熙甲午)

胡鎮邦 陳 杰(六安州籍) 查士賢(雍正癸卯)

翟必成(雍正乙卯) 衛蛟齡(乾隆戊子) 趙夢龍(乾隆戊午)

翟必拔 王文炳(乾隆辛酉) 翟先聲(乾隆甲子)

趙應聯(乾隆乙卯) 翟 櫆(乾隆庚午)

趙同炳(道光辛巳恩科) 趙魁元(道光壬午)

趙鼎元(道光戊子) 章金淦(道光辛卯)

趙問元(道光甲午) 趙守元(道光乙未恩科)

張守元(道光庚子) 潘世忠(道光癸卯)

卞文斌(道光甲辰恩科) 熊 □(此下七名不知某科)

吴紹周 李夢弼 曹文佑 葉時絢 曹廷幹 查國仕

王良楝(同治癸酉) 翟兆麟 王宗儆 王國梁(解元)

鄭良樹　王廷棟　李如魁(光緒癸巳恩科)

欽賜舉人[①]題名

翟天衡(乾隆辛卯)　胡承球(乾隆庚子)　鄭應鳴(乾隆癸卯)

趙有爲(乾隆丙午)　翟承眷(乾隆戊申、己酉檢討[②])

胡先柱(乾隆戊申)　衛　珽(乾隆戊申、嘉慶己未國子監學正[③]、辛酉助教、壬戌翰林院檢討、乙丑編修[④]、戊辰國子監司業[⑤])

翟　皋(乾隆己酉、庚戌檢討)　王道煊(乾隆己酉、庚戌檢討)

趙履泰(乾隆甲寅、乙卯檢討)　胡先暉(乾隆乙卯)

陳元吉(嘉慶戊午、己未檢討)　鄭翔雲(嘉慶戊午、己未檢討)

趙　臺(嘉慶戊午)　趙瓊華(嘉慶庚申、辛酉檢討)

胡先濬(嘉慶庚申、辛酉檢討)　黃洪傑(嘉慶庚申、辛酉檢討)

王立墀(嘉慶庚申、辛酉檢討)　葉　芷(嘉慶辛酉、壬戌檢討,國子監司業)

鄭元拔(嘉慶辛酉、壬戌檢討)　趙有恒(嘉慶辛酉)

章雲路(嘉慶甲子、戊辰編修)　朱　紱(嘉慶甲子、乙丑檢討)

查崇倫(嘉慶甲子、乙丑檢討)　汪一夔(嘉慶甲子、乙丑檢討)

翟　樬(嘉慶丁卯、戊辰檢討)　章　翼(嘉慶丁卯、戊辰檢討)

潘思孟(嘉慶丁卯、戊辰檢討)　江　湛(嘉慶戊辰、己巳檢討)

翟夢槐(嘉慶戊辰、己巳檢討)　吴翽鳳(嘉慶戊辰、己巳檢討)

章　珍(嘉慶戊辰、己巳檢討)　葉必藩(嘉慶戊辰國子監學正)

吴壽昌(嘉慶戊辰國子監學正)　章　岱(嘉慶庚午、辛未檢討)

趙學鏗(嘉慶庚午、辛未檢討)　王道經(嘉慶癸酉)

章夢祥(嘉慶癸酉國子監學正)　沈　棠(嘉慶癸酉國子監學正)

鄭國光(道光己丑檢討)　查　杰(道光壬辰)

胡俊升(道光甲午、乙未檢討)　朱　晉(道光庚子檢討)

朱　瑾(道光庚子檢討)　朱　璽(道光丁未檢討)

章西周(咸豐壬子恩科编修)　曹士林(咸豐壬子恩科編修)
倪待聘(咸豐壬子恩科檢討)　倪善增(咸豐壬子恩科檢討)
胡世肇(同治癸酉)　朱宗焜(光緒乙亥、丙子檢討)

---

①欽賜舉人:指没有通過科舉的鄉試一級考試,而被皇帝破例授予舉人資格的人。

②檢討:我國古代文官官職名。宋代有史館檢討。明時始屬翰林院,位次于編修,與編修同謂史官。

③學正:我國古代文官官職名。宋國子監置學正與學録,掌執行學規,考校訓導。元除國子監外,禮部及行省、宣衛司任命的路、州、縣學官亦稱學正。明、清國子監沿置。明學正秩正九品。清初不改,乾隆初升爲正八品。學正爲基層官員編制之一,配置于國子監。

④編修:文官名。位次修撰,與修撰、檢討同爲史官。

⑤司業:學官名。隋代以後國子監設置司業,爲監内的副長官,協助祭酒主管監務。

附刻貳拾壹年出入款目

吴綸軒、潘安濤同管(肆月初壹日起)

會館樂輸題名

(先後謹依前例)

王　恕　肆兩,乙未科進士

王　恕　貳兩　内閣中書

吴朝昌　捌兩　廣東海康縣知縣

左一芬　捌錢　甲午科優貢

潘肇翰　叁兩　兵部主事

吴崧高　貳兩　江西試用同知

吴文明　肆兩　直隸候補知縣

以上共收銀貳拾叁兩捌錢。

義園樂輸題名

王　恕　陸兩　乙未科進士

王　恕　貳兩　内閣中書

吴朝昌　拾肆兩　廣東海康縣知縣

左一芬　貳兩　甲午科優貢

潘肇翰　捌兩　兵部主事

吴崧高　貳兩　江西試用同知

吴文明　貳兩　直隸候補知縣

以上共收銀叁拾陸兩。

收上手存銀伍拾肆兩。

收六吉號漕平利銀拾陸兩,合京平拾陸兩伍錢柒分。

收兵馬司後街許宅,叁月初壹至肆月貳拾日,租銀貳拾壹兩陸錢。

收兵馬司後街戚宅,閏伍月貳拾壹至拾壹月貳拾壹日,租銀捌拾肆兩(茶銀在内)。

收潘家河沿郝宅,叁月至正月,租銀貳拾肆兩。

收義園王姓皮棚,陸月至正月,租銀肆兩。

收老館陳姓,拾月貳拾伍至正月貳拾伍日,租銀拾貳兩伍錢(茶銀在内)。

以上連前會館義園喜助統共收京平銀貳百柒拾陸兩肆錢柒分。

收上手存錢貳拾貳吊伍百文。

收南横街廣興糧店,肆月至正月,租錢壹百柒拾陸吊。

收張相公廟王永安車店,叁月至正月,租錢壹百玖拾貳吊。

收施興胡同張姓,叁月至拾貳月,租錢壹百伍拾肆吊。

收義園程玉文,肆月至正月,租錢壹百壹拾吊。

收義園劉克讓,叁月至正月,租錢叁拾貳吊肆百文。

收劉克讓、孟傳珍、李德元叁處壹年地租錢貳拾陸吊。

收兑人錢貳千壹百拾肆吊肆百文。

以上共收錢貳千捌百貳拾柒吊叁百文。

貳拾壹年肆月以後用帳

支銀拾捌兩,值年自肆月起壹年修金。

支錢玖拾貳吊,拾壹個半月朔、望進香車錢。

支錢捌吊,中元、拾月朔、伍月拾叁、陸月貳拾肆,進香車錢。

支錢肆吊,赴六吉號取利銀車錢。

支錢壹百陸拾吊,新館長班工食柒拾吊,過支玖拾吊。

支錢壹百拾貳吊,老館長班工食玖拾貳吊,過支貳拾吊。

支錢拾叁吊叁百文,義園長班過支。

支錢貳拾吊,新館搭葡桃[萄]架。

支錢拾叁吊,新館收葡桃[萄]架。

支錢肆吊,新館拔草。

支錢壹百肆拾吊零叁百文,新館年例同前。

支錢拾伍吊,老館伍月拾叁神供。

支錢柒吊伍百文,老館陸月貳拾肆神供。

支錢玖拾玖吊壹百文,老館年例同前。

支錢貳拾肆吊肆百文,義園中元、拾月朔燒紙。

以上兩館義園例用銀拾捌兩,錢柒百拾貳吊陸百文。

支銀陸兩,春團兩席。

支銀叁兩,老館題名扁[匾]貳塊。

支銀肆兩,義園長班丁柱病故津貼,作錢陸拾吊。

支銀貳拾叁兩伍錢陸分,刻館録、刷印、打箱。

支銀壹兩肆錢陸分,兩館春聯紙。

支銀壹百陆拾陸兩玖錢叁分貳厘,兑錢貳千壹百拾肆吊肆百文。

支錢捌吊，春團廚賞。

支錢貳拾肆吊肆百捌拾文，春團茶、酒水、磚、煤炭、紙、麵。

支錢貳百捌拾文，春團知單。

支錢壹吊，耕餘別業寄公車費信力。

支錢叁吊，新館運木器還老館力錢。

支錢貳拾吊，新館會試打更貳拾天。

支錢拾吊，新館糊窗。

支錢壹吊，老館看街人病故化緣。

支錢拾叁吊，義園樹上有無名男子自縊，報官驗收訖，賞官人幫助棺木錢。

支錢拾肆吊，老館爲吴東生糊窗收拾爐竈。

支錢壹吊，爲涇東公所公車費、寄朱樹齋信力。

支錢陸百肆拾文，老館上扁[匾]買鐵钩。

支錢陸吊，義園做工茶水陸天。

支錢拾陸吊柒百貳拾文，新館二月初三日神供，又帳簿壹本、摺子貳個。

支錢伍拾柒吊，兵馬司後街看房肆月貳拾起閏伍月拾陸止，共伍拾柒天。

支錢叁百伍拾壹吊，張相公廟看房叁月初陸起至丙申貳月初貳止共叁百伍拾壹天。

支錢叁百肆拾伍吊，潘家河沿看房叁月拾壹起至丙申貳月初貳止，共叁百肆拾伍天。

以上兩館義園雜用銀貳百零肆兩玖錢伍分貳厘，錢捌百柒拾貳吊壹百貳拾文。

修理兵馬司後街前後三進均墁并漫臺階院地收拾窗户坎牆折[拆]砌東西門房馬號共貳拾叁天

支銀肆拾兩，折[拆]砌西門房馬號共叁間半，包工料揭頂。

支銀叁兩，修理官銜牌架并西厢房內牆，包工料。

支錢貳百貳拾柒吊,大工貳拾捌個,木工貳拾貳個,小工叁拾伍個。

支錢壹百肆拾柒吊,青白灰貳千肆百壹拾斤。

支錢捌拾貳吊叁百貳拾文,蔴刀壹百肆拾柒斤。

支錢叁吊壹百捌拾文,丁[釘]子貳百貳拾個。

支錢拾捌吊,松板貳塊,長捌尺伍寸、寬壹尺貳寸。

支錢肆吊伍百文,工底。

共用銀肆拾叁兩,錢肆百捌拾貳吊玖百文。

新館均墁并折砌大廳後簷[檐]及過道、灰棚貳間、小雲窩南牆壹截并車厰均墁共拾貳天。

支銀壹兩玖錢,白灰伍百斤。

支錢捌拾壹吊捌百文,大工拾肆個、木工叁個、小工拾肆個。

支錢叁拾捌吊柒百肆拾文,青白灰陸百斤。

支錢伍拾貳吊零捌拾文,蔴刀玖拾叁斤。

支錢叁吊肆百文,料半丁[釘]陸拾伍個,捏頭丁[釘]叁斤。

支錢拾伍吊陸百文,子箔叁塊,花稭伍拾斤。

支錢拾玖吊,碎磚貳車,

支錢叁拾壹吊,楊木杧叁根、椽子拾肆根、松木簷[檐]壹根。

支錢壹吊陸百文,工底。

共用銀壹兩玖錢,錢貳百肆拾叁吊貳百貳拾文。

張相公廟潘家河沿兩處均墁拔草收拾廚房共玖天。

支銀貳兩捌錢零捌厘,白灰柒百捌拾斤。

支錢陸拾伍吊肆百文,大工拾個、木工叁個、小工拾貳個。

支錢捌吊貳百伍拾文,青白灰壹百伍拾斤。

支錢叁拾捌吊零捌拾文,蔴刀陸拾捌斤。

支錢肆吊肆百壹拾文,料半頭號丁[釘]叁百伍拾個,捏頭丁[釘]半斤。

支錢叁拾捌吊柒百文,窗子伍扇,簷[檐]椽柒根,松板貳塊,長捌尺、寬壹尺貳寸。

支錢壹吊，蓆壹張。

支錢肆吊肆百文，陸月貳拾陸日遇雨停工半日飯錢。

支錢壹吊叁百捌拾文，工底。

共用銀貳兩捌錢零捌厘，錢壹百陸拾壹吊陸百貳拾文。

老館均墁碎修一天。

支錢拾陸吊肆百文，大工、木工、小工各貳個。

支錢伍吊捌百文，青白灰壹百斤。

支錢陸吊叁百貳拾文，蔴刀柒斤，丁[釘]子叁百個。

支錢貳拾貳吊貳百文，蓆陸張、松板貳塊，長捌尺、寬叁尺。

支錢叁百貳拾文，工底。

共用錢伍拾壹吊零肆拾文。

義園修補各塚并添灰棚壹小間，共九天。

支銀伍兩捌錢壹分，白灰壹千陸百陸拾斤。

支錢叁拾伍吊貳百文，青白灰陸百伍拾斤。

支錢壹百伍拾肆吊肆百文，大工貳拾捌個、小工叁拾貳個。

支錢玖拾柒吊肆百文，蔴刀壹百陸拾捌斤，花楷柒拾斤。

支錢壹吊肆百肆拾文，料半丁[釘]壹百貳拾個。

支錢貳吊零捌拾文，工底。

共用銀伍兩捌錢壹分，錢貳百玖拾壹吊伍百貳拾文。

以上修理共用銀伍拾叁兩伍錢壹分捌厘，錢壹千貳百叁拾吊零叁百貳拾文。

貳拾壹年統共用銀貳百柒拾陸兩肆錢柒分，比收無存

統共用錢貳千捌百壹拾伍吊零肆拾文，比收應存錢拾貳吊貳百陸拾文。